AF150515

Christof Prechtl · Daniel Dettling (Hrsg.)

Für eine neue Bildungsfinanzierung

Christof Prechtl
Daniel Dettling (Hrsg.)

Für eine neue Bildungs-finanzierung

Perspektiven für Vorschule,
Schule und Hochschule

VS VERLAG FÜR SOZIALWISSENSCHAFTEN

Bibliografische Information Der Deutschen Bibliothek
Die Deutsche Bibliothek verzeichnet diese Publikation in der Deutschen Nationalbibliografie;
detaillierte bibliografische Daten sind im Internet über <http://dnb.ddb.de> abrufbar.

Dieses Buch ist aus der Kooperation von berlinpolis und der vbw – Vereinigung der Bayerischen Wirtschaft e. V. mit Unterstützung des VBM – Verband der Bayerischen Metall- und Elektro-Industrie e. V. hervorgegangen.

Die vbw ist die freiwillige, branchenübergreifende Interessenvereinigung der bayerischen Wirtschaft. Sie vertritt rund 80 bayerische Arbeitgeber- und Wirtschaftsverbände und über 30 Einzelunternehmen.

1. Auflage November 2005

Alle Rechte vorbehalten
© VS Verlag für Sozialwissenschaften/GWV Fachverlage GmbH, Wiesbaden 2004

Der VS Verlag für Sozialwissenschaften ist ein Unternehmen von Springer Science+Business Media.
www.vs-verlag.de

Das Werk einschließlich aller seiner Teile ist urheberrechtlich geschützt. Jede Verwertung außerhalb der engen Grenzen des Urheberrechtsgesetzes ist ohne Zustimmung des Verlags unzulässig und strafbar. Das gilt insbesondere für Vervielfältigungen, Übersetzungen, Mikroverfilmungen und die Einspeicherung und Verarbeitung in elektronischen Systemen.

Die Wiedergabe von Gebrauchsnamen, Handelsnamen, Warenbezeichnungen usw. in diesem Werk berechtigt auch ohne besondere Kennzeichnung nicht zu der Annahme, dass solche Namen im Sinne der Warenzeichen- und Markenschutz-Gesetzgebung als frei zu betrachten wären und daher von jedermann benutzt werden dürften.

Umschlaggestaltung: KünkelLopka Medienentwicklung, Heidelberg
Gedruckt auf säurefreiem und chlorfrei gebleichtem Papier

ISBN-13: 978-3-531-14828-1   e-ISBN-13: 978-3-322-80812-7
DOI: 10.1007/ 978-3-322-80812-7

Inhalt

3. Kapitel: Hochschulen in Zeiten der Globalisierung

Wachstum durch Bildung – Chancen für die Zukunft nutzen – Das Programm in 10 Thesen

1. **Was nichts kostet, ist nichts wert:** Bildung braucht mehr finanzielle Ressourcen. Um das deutsche Bildungssystem zukunftsfähig zu machen, sind zusätzliche 27 Milliarden Euro pro Jahr nötig.

2. **Früh investieren statt später reparieren:** Wenn wir nicht massiv umsteuern, produziert das deutsche Bildungssystem weiterhin die Sozialfälle von morgen.

3. **Bildungsarmut vermeiden:** Bildungsarmut zu vermeiden ist die zentrale politische Herausforderung der Zukunft.

4. **Soziale Ungleichheit vermeiden:** Die massive soziale Ungleichheit bei der Verteilung von Bildungsabschlüssen widerspricht dem Selbstverständnis der deutschen Gesellschaft.

5. **Lebensbegleitendes Lernen als Herausforderung:** Lebensbegleitende Bildung ist die entscheidende Stellschraube für Wohlergehen und wirtschaftlichen Erfolg.

6. **Der Staat versagt:** Die Bildungseinrichtungen sind überreguliert und ineffizient. „Wir können die Probleme von morgen nicht mit den Denkansätzen lösen, die zu ihnen geführt haben." (Einstein)

7. **Nachfrage- statt Angebotsorientierung:** Die Angebotsorientierung führt zu Monopolen. Die Nachfrager und Nutznießer von Bildung haben zu wenig Einfluss.

8. **Mehr finanzielle Eigenbeteiligung ist nötig:** Studiengebühren sind überfällig. Ohne sie wird Deutschland im Wettbewerb um die besten Köpfe nicht bestehen.

9. **Gezielte Bildungsinvestitionen sind nötig:** Investitionen sind das eine. Der effiziente Einsatz der Mittel zur Qualitätssteigerung von Bildung ist aber entscheidend.

10. **Deutschland hat die Wahl:** Wissensgesellschaft oder zunehmende Bildungsarmut. Wir müssen uns entscheiden, und zwar für eine Priorität von Bildung.

Einleitung: „Wachstum durch Bildung – Chancen für die Zukunft nutzen!"

Christof Prechtl / Daniel Dettling

Deutschland verspielt seine Zukunftsfähigkeit. Es wird sechsmal soviel Geld für Soziales aufgewandt wie für Bildung. Statt frühzeitig in Bildung zu investieren, wird versucht, später zu reparieren. Die Folgen: 20 Prozent eines Altersjahrganges sind nicht berufsbildungsfähig, der Anteil der Hochqualifizierten ist mit einem Drittel deutlich zu gering und jeder fünfte Ausländer ist hierzulande ohne Schulabschluss. Da zwischen Bildungsstand und Erfolg am Arbeitsmarkt ein klarer Zusammenhang besteht, produziert das deutsche Bildungswesen heute die Sozialfälle von morgen. Politisch bedeutet dies: Die Vermeidung von Bildungs-, nicht Einkommensarmut, ist die zentrale Herausforderung.

Eklatanter Mangel an Gerechtigkeit und Qualität

Reformen im Bereich der Bildungsfinanzierung müssen sich an zwei Zielen messen lassen: an der Steigerung der Bildungsqualität und der Erhöhung der Zugangsgerechtigkeit. An beidem mangelt es in Deutschland international verglichen in erschreckendem Maße. Im Hinblick auf Bildungsabschlüsse konnten seit der „Bildungsrevolution" der 70er Jahre kaum die Zugangsgerechtigkeit[1] verbessert werden noch konnte eine Bildungsqualität erreicht werden, die Deutschland international wettbewerbsfähig macht. Zudem wird sich die bestehende Bildungsarmut durch demographische Effekte noch weiter vergrößern, da viele Kinder vor allem im Bereich der bildungsfernen Schichten aufwachsen. Demgegenüber wächst die Kinderlosigkeit bei Akademikern.[2]

Insgesamt lässt sich ein international beispielloses Staatsversagen konstatieren:

---

[1] Der Anteil von Arbeiterkindern an den Hochschulabsolventen ist seit Abschaffung der Studiengebühren 1970 lediglich um ein Prozent gestiegen. Heute machen nur 6 von 100 Arbeiterkindern einen Hochschulabschluss, aber 49 von 100 Beamtenkindern.
[2] Die Kinderlosigkeit unter Akademikerinnen, die nach 1965 geboren wurden, beträgt 42 Prozent, die der Akademiker ist noch größer.

- die Organisationsstrukturen des Bildungssystems sind ineffizient und ineffektiv;
- die Qualität der Bildungsabschlüsse ist alarmierend schlecht: ca. 10% haben keinen formalen Abschluss mehr, rund 20 Prozent der jungen Menschen sind nicht berufsbildungsfähig, weitere fünf Prozent sind funktionale Analphabeten, schlechtes Abschneiden bei internationalen Leistungsvergleichsstudien wie PISA, TIMSS und IGLU und eine zu kleine Leistungselite;
- massive soziale Ungleichheiten bei der Verteilung von Bildungsabschlüssen;[3]
- eine ineffiziente Verwendung von Mitteln durch Bürokratie, Verrechtlichung und Überregulierung;
- ein verschwenderischer Umgang mit Lern- und Arbeitszeit;
- die Blockade durch Interessensgruppen.

Die Steuerung im Bereich der Bildung ist zu angebotsorientiert. Die Nachfrager und Nutznießer haben im deutschen System der Bildungsfinanzierung so gut wie keine Macht. Hinzu kommt, dass sich die Angebote selten an den tatsächlichen Bedürfnissen der späteren Bildungsabnehmer, den Unternehmen, richten. Die haben in Zeiten der Globalisierung, des technologischen und demographischen Wandels und des wirtschaftlichen Strukturwandels andere Bedürfnisse an ihre Mitarbeiter, den Absolventen des Bildungssystems. Stattdessen dominieren Lobby-Gruppen und teure Verteilungskonflikte. Ein effektiver und bedarfsgerechter Marktmechanismus wird dadurch unmöglich gemacht. „Soziale Gerechtigkeit" kommt so nicht zustande. Der staatliche Mitteleinsatz produziert nicht soziale Gleichheit, sondern Ungleichheit.

Während in Deutschland der tertiäre Bereich (Hochschulen) zu Hundertprozent subventioniert wird, ist der Mitteleinsatz des Staates im Bereich von Kinderkrippen, Kindergärten und Vorschulen zu gering[4]. Die negativen externen Effekte: Eltern, in der Regel Mütter, wird oft eine Erwerbstätigkeit unmöglich gemacht. Bildungsferne Schichten schicken ihre Kinder nur selten in frühkindliche Einrichtungen. Die Ungerechtigkeit bei der Verteilung von Abschluss-Chancen verschärft sich.

Auch im Bereich der Weiterbildung besteht Nachholbedarf. Deutschland belegt mit der Dauer der Weiterbildung pro Teilnehmer und Jahr in Europa den viertletzten Platz. Der Umfang sinkt seit 1992.

---

[3] So beträgt die Studierquote von Jugendlichen aus bildungsnahen Schichten 84 Prozent, während sie bei bildungsfernen Schichten nur bei 20 Prozent liegt.
[4] Für Kindergärten gibt der Staat gerade einmal 7,4 Milliarden Euro aus, für Schulen und Hochschulen 55,3 Milliarden.

Wege zu mehr Wachstum durch Bildung

Will Deutschland seine Bildungsqualität und -gerechtigkeit in den kommenden Jahren entscheidend verbessern und zu mehr Wachstum kommen, wird es folgende Punkte umsetzen müssen:

- Effiziente Nutzung der Bildungszeiten um ohne Qualitätsverlust Zeit einzusparen,
- die Umstellung von Angebots- zur Nachfrageorientierung,
- die Einführung marktwirtschaftlicher oder marktwirtschaftsadäquater Mechanismen in allen Bildungseinrichtungen,
- die Erweiterung der Handlungsautonomie in den Bildungseinrichtungen,
- die Förderung bildungsferner Gruppen und Hochbegabter (Eliteförderung),
- eine drastische Erhöhung der Studierenden[5],
- die Aufhebung der frühen Selektion im Bildungssystem beim Übergang vom Primär- zum Sekundärbereich,
- größere Beteiligung privater Haushalte und Unternehmen an der Bildungsfinanzierung,
- die Einführung von leistungsbezogenen Parametern bei der Zuweisung von Haushaltsmitteln und Gehältern[6],
- die nachdrückliche Effizienz-Orientierung von Bildungsausgaben,
- die Einführung eines strikten und nachhaltigen Qualitätsmanagements für pädagogisches Personal und Bildungseinrichtungen, inklusive einer leistungsbezogenen Besoldung,
- die Ausrichtung des Bildungssystems an den Qualifikationsanforderungen einer Wissensgesellschaft.

Anschluss an die Spitze erfordert eine radikale Neufinanzierung

Eine bessere Bildung kostet Bund, Länder und Kommunen viel Geld. Während die OECD-Länder durchschnittlich 12,7 Prozent der öffentlichen Haushalte für Bildung aufwenden (Tendenz steigend), stagniert Deutschland seit 1995 unverändert bei 9,7 Prozent. Selbst die öffentlichen Bildungsausgaben von Polen, Portugal und Mexiko sind höher als die deutschen. Bei den öffentlichen Ausga-

---

[5] In Australien studieren 77, in Schweden 75 und in den USA 64 Prozent der Schulabsolventen. In Deutschland sind es gerade einmal 35 Prozent. Davon legen nur 19 Prozent, also knapp die Hälfte, ein Examen ab – das ist eine der niedrigsten Quoten der OECD-Länder (zum Vergleich: In Finnland erreichen 45 Prozent eines Jahrgangs einen Hochschulabschluss).
[6] Kriterien sind Abschlussquoten, Hochschulreife, Zusatzqualifikationen, Sprachfähigkeiten etc.

ben in Kindergärten und Grundschulen steht Deutschland sogar am Ende der OECD-Skala. Um notwendige Reformen umzusetzen, muss das Bildungsbudget um rund 25 Prozent erhöht werden, rechnet die Studie „Bildung neu denken! – Das Finanzkonzept" der vbw – Vereinigung der Bayerischen Wirtschaft e.V. aus. Die Mehrkosten belaufen sich auf etwa 27 Milliarden Euro. Woher sollen diese angesichts der sich verschlechternden Finanzlage der öffentlichen Haushalte kommen? Wie können neue Einnahmequellen erschlossen werden? Und welchen Beitrag müssen der Einzelne, der Staat und die Unternehmen leisten?

Der Vergleich zu den PISA-Siegern (Kanada, Finnland, Schweden...) zeigt: Während diese vor allem über Dienstleistungen in Bildung und Familie investieren und nicht über direkte Transfers, verhält es sich in Deutschland genau umgekehrt. Nötig ist ein radikaler Umbau der deutschen Bildungsfinanzierung. Zusätzliche Investitionen in Bildung in Höhe von 27 Milliarden Euro sind ohne Steuererhöhungen möglich, wenn folgende Voraussetzungen erfüllt werden:

- eine klare Trennung von Verantwortung für die Qualität und soziale Offenheit, der Produktion und der Finanzierung der Bildungsgüter,[7]
- eine Umwidmung des Kindergeldes, das bis zur Berufsausbildung oder Studienbeginn ausgezahlt wird, in den Ausbau von Ganztagseinrichtungen, bessere Sprachförderung und die Kostenfreiheit von Angeboten der frühkindlichen Förderung,
- das restliche Kindergeld wird plus den Ausbildungsfreibeträgen und BaföG-Leistungen in Form von Ausbildungsbudgets (15.000 €) direkt an die Studierenden ausgezahlt,
- individuelle Bildungskonten und Weiterbildungsfonds,
- eine stärkere Beitragsfinanzierung im tertiären Bereich,
- eine stärkere steuerliche Förderung von Stiftungen, Spenden und Investitionen für Bildungszwecke (Stipendien etc.).

Den Staat neu denken

Eine kompensatorische, nachträgliche Sozialpolitik kann nicht das retten, was in einem mangelhaften Bildungswesen vorher versäumt wurde. Eine partielle Umverteilung vom Sozial- in den Bildungsbereich ist deshalb schon aus sozialen Gründen geboten. Es geht nicht so sehr um mehr oder weniger Staat, sondern um einen anderen, intelligenten Staat. Nicht alleine *was* der Staat tut ist das Problem,

---

[7] Heute ist allein der Staat für alle drei Bereiche zuständig und verantwortlich. Künftig wird es bei der Produktion und Finanzierung der Bildungsgüter um eine stärkere Beteiligung Privater gehen. Public Private Partnership, Stiftungen, GmbHs und andere Modelle sind denkbar.

12

sondern *wie* er es tut. Zentral für dieses neue Staatsverständnis ist die (analytische wie ordnungspolitische) Unterscheidung zwischen der öffentlichen Verantwortung für, der jeweiligen Produktion von und schließlich der Finanzierung der Bildungs- und Sozialgüter. So bleibt die öffentliche Verantwortung für die Qualität und die soziale Offenheit des Hochschulwesens beim Staat. Vieles spricht dafür, dass mehr Markt und Wettbewerb bei der „Produktion" der Bildungsgüter im Rahmen einer staatlich verbürgten Ordnung positive Folgen haben werden.

„Den Staat neu denken" bedeutet ordnungspolitisch eine konsequente analytische Trennung und eine neue Zuordnung von öffentlicher und privater *Verantwortung, Finanzierung* und *Produktion* bestimmter Güter und Dienstleistungen. Der etatistische Kurzschluss, der von öffentlicher Verantwortung auf öffentliche Finanzierung und von dieser auf öffentliche Produktion schließt, ist verantwortlich für das beschriebene eklatante Staatsversagen. Um den Bildungseinrichtungen die nötige Eigenständigkeit und Autonomie zu geben, muss der Staat seine Aufgaben neu definieren und loslassen können. Die Frage, ob Bildung Bundes- oder Ländersache ist, ist vor diesem Hintergrund zweitrangig. Deutschland wird seinen eigenen Weg finden müssen und kein System der Welt kopieren können.

Das Weißbuch „Wachstum durch Bildung" unternimmt eine Bestandsaufnahme, analysiert den Nutzen, vergleicht internationale Modelle (best practice) und geht der Frage nach, wie Bildung in Zukunft finanziert werden soll. Eine neue Balance von staatlicher, individueller und wirtschaftlicher Verantwortung ist dringender denn je.

Das Buch verfolgt in den drei Kapiteln „vorschulische Bildung", „schulische Bildung" und „Hochschulen und lebenslanges Lernen" mit je vier Beiträgen folgende Struktur:

1. politischer Appell zur Notwendigkeit von Reformen
2. Bestandsaufnahme
3. Internationale best practice-Beispiele und
4. Möglichkeiten zur realpolitischen Umsetzung in Deutschland.

In die Zukunft investieren statt später alimentieren

Bildung hat ihren Preis. Er wird um so höher, wenn Staat, Wirtschaft und jeder Einzelne heute nicht bereit sind, in die Zukunft zu investieren. In der jungen Bundesrepublik wurde viel in die sozialen Sicherungssysteme investiert, um Altersarmut zu vermeiden. Während die finanzielle Armut der Älteren abnahm, stieg sie bei Familien mit Kindern und bildungsfernen Schichten. Heute, da Deutschland altert, ist es geboten, in die jungen Generationen zu investieren, auch im Interesse der mittleren und älteren Jahrgänge. Deutschland hat die Wahl: Wissensgesellschaft und Humankapital oder langsamer Niedergang und Bildungsarmut.

1. Kapitel: Waisenkind vorschulische Bildung

Auf die ersten Jahre kommt es an: Früh investieren, nicht spät reparieren!

Katherina Reiche

„Wer am Gipfel des Baumes Früchte sehen will, der nähre seine Wurzeln", lautete die Überzeugung Johann Gottfried Herders.

Seit PISA offenbart hat, dass Deutschlands Schülerinnen und Schüler im internationalen Vergleich ganz weit unten rangieren, ist Bildung zu einem Mega-Thema in Deutschland geworden. Es ist schlicht skandalös, dass wir als eine der führenden Industrienationen der Welt inzwischen eine faktische Analphabetenrate von rund 22 Prozent aufweisen. Wir haben es nicht geschafft, die Leistungsschwachen zu stärken, dagegen haben wir erreicht, dass die Leitungsstarken Mittelmaß sind. Auf den Prüfstand gehört daher die gesamte Bildungskette von der Kindertagesstätte bis zur Universität.

Bildung ist der Schlüssel für die Zukunftschancen

Wer unser Bildungssystem dauerhaft auf Qualität einstellen will, muss sich von dem Gedanken verabschieden, dass das Lernen mit sechs Jahren beginnt und am Ende der Schul- und Ausbildungszeit beendet ist. Einer der Schlüssel zum 21. Jahrhundert ist der Gedanke vom lebenslangen Lernen, doch der einzige Weg, ihn zu besitzen ist, dass jeder lernt wie man lernt. Die althergebrachte Einteilung des Lebens in getrennte Lebensabschnitte – Schulzeit und Studium als Kind und Jugendlicher, Arbeitsleben und Ruhestand als Erwachsener – stimmt schon mit der heutigen Realität nicht mehr überein und genügt noch weniger den Anforderungen der Zukunft. Niemand kann mehr erwarten, in der Kindheit und Jugend so viel Wissen anzusammeln, dass es für ein ganzes Leben reicht. Bildung ist der entscheidende Schlüssel für die Lebenschancen jedes Einzelnen. Dabei sind Elternhaus, Bildung, Ausbildung und Zukunftschancen eng miteinander verflochten. Noch nie haben sich Berufsbilder so schnell gewandelt wie heute. Berufstätige, Arbeitslose oder Erziehende nach der Familienphase müssen ihr Wissen den sich verändernden Anforderungen anpassen, um auf dem Arbeitsmarkt bestehen zu können.

16

Aber je mehr Informationen wir haben, desto wichtiger wird die Wertebasis; denn auf dieser Basis ordnen wir alle Informationen und planen unser Leben. Wenn sich der Einzelne zurecht finden soll, benötigt er eine sehr klare Vorstellung davon, was diese Gesellschaft zusammenhält, welche Werte grundsätzlich sind, wie man Wissen ordnet, wie man Entscheidungen treffen kann und letztlich sein Leben so gestaltet, wie man es sich vorstellt. Dafür muss unser Bildungssystem die Grundlagen schaffen.

Wie aber gelingt das Lernen? PISA hat deutlich gemacht, dass wir mit unseren Bildungsanstrengungen früher beginnen und stärker fördern müssen. Jeder Mensch ist es wert, dass er seine Chance bekommt. Aber es gibt unterschiedliche Begabungen, Fähigkeiten und Veranlagungen. Die Devise muss lauten: Nicht für alle das Gleiche, sondern für jeden das Beste! Es sind nicht allein Lehrpläne, schulische Rahmenbedingungen und viele Äußerlichkeiten, die darüber entscheiden, wie Kinder und Jugendliche sich entwickeln und ihre Talente entfalten können.

Kindheit neu definieren

Die Lebensphase der Kindheit ist mit den beiden Zeitfenstern „frühe Kindheit" und „Pubertät" die wichtigste Lernphase. Für diese Lernphase müssen reichhaltige Lernangebote vorgehalten sowie Trainingsmöglichkeiten und Anreize geschaffen werden. Das kindliche Gehirn hält einen riesigen Fundus von Milliarden Nervenzellen bereit, die sich durch Vernetzung und Verschaltung zu einem komplexen, lebenslänglich lernfähigen Gehirn entwickeln. Um die in seinem Gehirn angelegten Verschaltungen auszubauen und zu festigen, braucht das Kind Herausforderungen seiner Umwelt, denen es sich aber nur mit dem Gefühl der Sicherheit und Geborgenheit stellen kann. Kindheit im Sinne der Empfehlung des Zukunftsprojektes „Bildung neu denken!"[1]umfasst den Zeitraum von der Geburt bis zum Beginn der Pubertät. Hier finden die beiden großen Entwicklungsschübe des Gehirns statt. Besonders hoch ist die Plastizität des Gehirns von 0 bis ca. zum vollendeten 5. Lebensjahr, in denen das Gehirn nicht nur eine hohe Elastizität besitzt, sondern Lernprozesse wesentlich müheloser ablaufen als später. In diesem Zeitraum werden komplexe Sachverhalte wie die Erstsprache mühelos erlernt.

Auch die optimale Herausbildung der neuronalen Netzwerke in diesem Lernfenster hängt von Voraussetzungen ab:

---

[1] Vgl. die beiden Studien der vbw – Vereinigung der Bayerischen Wirtschaft e.V. (Hrsg.), „Bildung neu denken!", Band 1 („Das Zukunftsprojekt"), Leske+Budrich und Band 2 („Das Finanzkonzept"), VS Verlag.

- Angebot vielfältiger Information in der Umwelt,
- intensives Training von Fähigkeiten, Fertigkeiten und Wissen.

Fehlt die erste Voraussetzung bleibt die Hirnentwicklung unter ihren Möglichkeiten, fehlt die zweite findet eine Rückentwicklung bereits herausgebildeter Nervenzellen und ihrer Verknüpfungen untereinander statt.

Obwohl die Bedeutung genetischer Faktoren im Detail nicht abschließend geklärt ist, ist die optimistische Annahme, dass durch optimalen Unterricht das Lernen behindernde Faktoren völlig ausgeglichen werden könnten, definitiv falsch. Erblichkeit von Intelligenz wirkt sich auf die Möglichkeiten und Grenzen des Lernens aus. Aus diesem Grunde ist es so wichtig, die Lernvoraussetzungen der Lernenden zu kennen, damit diese weder unter- noch überfordert werden. Besonders in den ersten Lebensjahren können genetische Unterschiede durch Milieuunterschiede überlagert werden. Wir können weder von einer kontinuierlich gleichbleibenden Lernfähigkeit des Lernenden ausgehen, noch von der ungenutzten Möglichkeit der sog. „Lernfenster" (windows of opportunity) in der lernsensiblen Phase der frühen Kindheit. Hier bleiben vor allem Kinder aus bildungsfernen sozialen Schichten unter ihren Möglichkeiten und stehen als Erwachsene dem Berufsleben eingeschränkt zur Verfügung.

Vorbilder sind entscheidend

Entscheidend für die geistige und körperliche Entwicklung ist die frühe emotionale Bindung, denn das Gehirn reift durch Herausforderung. Es sind im Letzten menschliche Beziehungen und eine damit verbundene emotionale Sicherheit, eben menschliches Grundvertrauen, das sich als Basis für Entwicklung, Lernen und damit auch schulischen Erfolg erweist. Das betrifft in frühen Jahren vor allem Eltern, später auch Erzieher und Pädagogen.

Dabei geht es um grundlegende Kompetenzen, und diese werden in frühen Lebensjahren angelegt. Im Kern sind diese Kompetenzen auch Prioritäten wie Aufmerksamkeit und Rücksichtnahme, gepaart mit Flexibilität. Im Grunde sind sie gar nicht lehrbar. Sie sind vielmehr ablesbar von Vorbildern. Sie sind aufsaugbar aus Handlungszusammenhängen, an denen Kinder und Jugendliche beteiligt sind. Immer dann, wenn ein Kindergarten oder eine Spielgruppe von Kindern nicht nur für Kinder da ist, sondern mit Kindern arbeitet, also die Beteiligung der Kinder fördert, entstehen Situationen, in denen Kompetenzen ablesbar und aufsaugbar sind.

Die Erkenntnisse der Hirnforschung

Eines der Erzübel der deutschen Bildungspolitik besteht darin, dass keine Konsequenz aus einer fundamentalen <u>Erkenntnis der Hirnforschung</u> gezogen wurde, dass am wichtigsten für die Entwicklung eines Kindes die ersten zehn, wenn nicht gar nur die ersten sieben Lebensjahre sind. In dieser Phase sind die Sprachfenster des Gehirns weit geöffnet. Aber der Schatz der frühen Kindheit bleibt ungehoben, und unsere wissensdurstigen Kleinen leiden an kultureller Unterernährung. Der Elementar- und der Primarbereich sind entscheidend für die gesamte Schullaufbahn; denn in den ersten 5 Jahren werden die Fundamente für das Lernverhalten gelegt.

Die Erkenntnisse der Hirnforschung bestätigen, dass Lernen ein aktiver und meist assoziativer Vorgang ist. Das heißt: Informationen lassen sich nicht beliebig in einen Kopf hineinstopfen. Vielmehr pickt sich das Gehirn aus der Flut von Reizen jene heraus, die ihm bedeutsam erscheinen – und das sind vorwiegend Fakten, Klänge und Bilder, die mit früheren Erfahrungen zusammenhängen. Bewusstseinsinhalte werden umso effektiver im Gedächtnis niedergelegt, je anschlussfähiger sie sind, also je mehr Vorwissen vorhanden ist. Eine Information ist etwas Kompliziertes. Sie ist eine Zusammenfügen von Gehörtem und Gesehenem. Und das ist noch nicht alles: Sie muss mit vorher Gesehenem und vorher Gehörtem verknüpft werden. Erst auf diese Weise werden Sinnzusammenhänge gebildet, erst daraus erwächst Intelligenz. Je mehr das, was ein Kind jetzt sieht und jetzt hört, angereichert und erweitert wird um das, was es früher gesehen, gehört, erfahren und gefühlt hat – also je intensiver aktuelle Wahrnehmung und geistige Ordnungen ineinander wirken – desto intelligenter verhält es sich.

Bei Kindern herrscht ein ständiges Kommen und Gehen im Hirn, ein Entstehen und Vergehen. Wann immer ein Mensch etwas lernt, verändert sich der Schaltplan seines Gehirns. Neue Synapsen sprießen, bereits bestehende werden verstärkt oder verkümmern. Auf diesen Wissenshunger gilt es, individuell einzugehen, statt starre Lehrpläne durchzuziehen.

Erziehungskompetenz der Eltern hat Vorrang

Daher ist eine Familie ein so wichtiger Ort des Lernens, an dem Kompetenzen ebenfalls nicht in erster Linie durch Belehrung, sondern vor allem durch Vorbild und Mitmachen vermittelt werden. Daher werden wichtige Weichenstellungen in der Familie getroffen. Menschenbildung beginnt an dem Tag, an dem ein Kind das Licht der Welt erblickt. Hier setzt zunächst und vorrangig vor allen anderen die Verantwortung der Eltern ein. Es folgt der Erziehungs- und Bildungsauftrag der Kindertagesstätte, weiter geführt dann in der Schule. Institutionen können ergänzen, ausdifferenzieren, aber ihre Erziehungsfunktionen haben einen sekundären Charakter, sie verstärken und üben ihre Ersatzfunktion nur dort aus, wo Eltern versagen, überfordert sind oder ganz fehlen.

Das eigene Zuhause ist die erste Schule eines Kindes. Ist dieses Zuhause jedoch gestört oder überhaupt nicht vorhanden, dann muss die Schule dafür sorgen, dass die Möglichkeiten eines jeden Kindes ausgeschöpft werden. Wenn die Kinder in die Schule kommen, ist ihre Persönlichkeitsbildung schon weit vorangeschritten. Musische, sprachliche und soziale Fähigkeiten entwickeln sich am besten, wenn sie früh gefördert werden. Umgekehrt beginnt hier die soziale Ungleichheit.

Die soziale Herkunft darf nicht über die Bildungschancen entscheiden

Pisa hat Deutschland auch bescheinigt, dass in keinem anderen Industriestaat die soziale Herkunft so sehr über die Bildungschancen entscheidet, und Kinder aus bildungsschwächeren Schichten in ihrem Leben eine geringe Chance haben, jemals eine Führungsposition in unserem Lande einzunehmen. Einer der Gründe dafür ist, dass das Thema Eliten so lange tabu war. Die deutschen Eliten rekrutieren sich im Wesentlichen aus den sozialen Eliten, weil es lange keine Konzepte zur Förderung einer Leistungselite gab.

Der zweite Grund liegt darin, dass die schulische Integration der Kinder nichtdeutscher Herkunftssprache sträflich vernachlässigt wurde. Obwohl seit den sechziger Jahren Millionen sog. Gastarbeiter und Aussiedler, Asylbewerber und Flüchtlinge ins Land geströmt sind und der Ausländeranteil in der Bundesrepublik mit nahezu 9 Prozent fast doppelt so hoch wie der EU-Durchschnitt liegt, hat sich das deutsche Bildungssystem nicht darauf eingestellt, dass hier nichtdeutsche Kinder zur Schule gehen. Die defizitäre Lage der Migrantenkinder gehört denn auch zu den wesentlichen Ursachen der Pisa-Pleite. Nach vierzig Jahren Migration

In einzelnen Stadtteilen Berlins oder im Ruhrgebiet liegt der Anteil ausländischer Schulanfänger bereits über 75 Prozent, und drei von vier nichtdeutschen Erstklässlern beherrschen die Unterrichtssprache nicht oder nur unzureichend, und rund 80 Prozent aller türkischen Eltern sind wegen unzureichender Sprachkenntnisse nicht in der Lage, an Elternabenden teilzunehmen. Schlimmer ist es, dass sich der Sprachrückstand der nichtdeutschen ABC-Schützen während der Schullaufbahn kaum ausgleichen lässt und das Sprachdefizit massiv den Erwerb von Kenntnissen in anderen Fächern erschwert, etwa in Mathematik oder den Naturwissenschaften.

Laut Migrationsbericht Hessen aus dem Jahre 2002 werden z.B. ausländische Kinder im Vergleich zu deutschen mehr als doppelt so häufig vom Schulbesuch zurückgestellt. Sie wiederholen drei- bis viermal so häufig eine Klasse. Fast ein Viertel von ihnen bleibt ohne Hauptschulabschluss und nur 11 Prozent erreichen das Abitur. Wegen schlechter Zeugnisse bleibt ihnen anschließend der Zugang zum Berufsleben verschlossen, so dass bereits heute 40 Prozent der Schulabgänger türkischer Herkunft gegenüber 8 Prozent deutscher Herkunft ohne Ausbildungsplatz bleiben. Damit verbunden ist vielfach ein Abstieg in die Kriminalität: Männliche türkische Jugendliche werden fast doppelt so oft wie ihre deutschen Altersgenossen zu Mehrfachstraftätern.

Inzwischen hat eine Reihe von Bundesländern die nahe liegende Konsequenz gezogen, rechtzeitig vor der Einschulung sogenannte Sprachstandsmessungen vorzunehmen und ausländischen Kindern so lange Förderkurse zu verordnen, bis sie schulreif sind. Pisa hat das bestätigt, was das Handwerk seit mehr als einem Jahrzehnt beklagt. Ein wachsender Anteil der Schulabgänger kann auf Anhieb eine berufliche Ausbildung nicht durchlaufen, weil elementare Grundkenntnisse im Lesen, Schreiben und Rechnen ungenügend sind und die Lernmotivation stark gelitten hat. Bei einer Umfrage der Deutschen Industrie- und Handelskammer im Jahre 2002 gaben zwei Drittel der befragten Ausbildungsbetriebe an, dass sich ihre Erfahrungen mit den Ergebnissen der PISA-Studie decken. Und rund 18 Prozent der Betriebe konnten wenigstens einen Ausbildungsplatz nicht besetzen – mangels geeigneter Bewerber.

Kindertagesstätten als Bildungsorte wahrnehmen

Die im Dezember 2004 erschienene neueste Studie der OECD, plakativ „Kindergarten-PISA" genannt, bescheinigt deutschen Kindergartenkindern, im internationalen Vergleich

- zu wenig zu lernen,
- zu wenig zu wissen,
- und schlecht auf die Schule vorbereitet zu werden,

weil Kindergärten und -tagesstätten als Bildungseinrichtungen nicht ernst genug genommen wurden. Kindertagesstätten und Programme frühkindlicher Erziehung befördern den Sozialisationsprozess.

Kindergärten wurden bei uns zu sehr als Betreuungs- und weniger als Bildungsinstitutionen gesehen, und das Einschulungsalter liegt bei durchschnittlich 6,7 Jahren. Um sich zu Bildungsstätten zu mausern, müssten die Kindergärten eher den Kultus- als den Sozialministerien zugeordnet sowie die deutsche Erzieherinnenausbildung auf internationales Niveau angehoben werden. Bildungsangebote für Kinder aus benachteiligten Schichten verdienen besondere Beachtung. Haben diese Kinder besondere Bedürfnisse, die in der Familie weder erkannt noch befriedigt werden können, liegt es in der Verantwortung der Schule, professionelle Hilfe und Beratung anzubieten. Dies soll garantieren, dass auch die Talente von Kindern mit Lernschwierigkeiten oder körperlichen Behinderungen nicht verloren gehen. Hinzu kommt, dass Kinder, die eine Vorschulerziehung genießen, der Schule insgesamt gegenüber positiver eingestellt sind und daher die Schule weniger häufig abbrechen.

Frühe Einschulung kann zur Chancengleichheit beitragen, indem sie hilft, die anfänglichen Hürden der Armut oder sozialer und kultureller Benachteiligungen zu überwinden. Die Integration von Kindern aus Einwandererfamilien und solchen aus kulturellen und sprachlichen Minderheiten wird dadurch gefördert. Zusätzlich ermöglicht der Zugang zu Bildungseinrichtungen für Kinder im Vorschulalter auch den Müttern, am gesellschaftlichen und wirtschaftlichen Leben teilzunehmen.

Flexibler und früherer Übergang in die Vorschule

Während die meisten Länder der Welt über Konzepte für ihre Vorschulbildung verfügen, werden Deutschlands Kinder ziemlich planlos betreut. Das kommt einer Verschwendung von Ressourcen gleich, weil Kinder bis zum 7. Lebensjahr Basiskompetenzen entwickeln, deren Vernachlässigung nach dem Eintritt in die Schule nicht mehr durch Förderung kompensiert werden kann. Wenn wir Kompetenzen stärken möchten, können wir auf die ersten 6 Jahre nicht verzichten. Mit acht Jahren kann darauf nur noch begrenzt Einfluss genommen werden. Wenn wir künftig bereits im Kindergarten auf solche Grundkompetenzen Wert legen, eröffnen wir der Grundschule ganz andere Perspektiven, darauf aufzubauen. Gleichzeitig hat die PISA-Studie dem deutschen Bildungssystem bescheinigt, wenig integrativ zu wirken.

Prozesse der Integration müssen früh beginnen und dazu eignen sich Tageseinrichtungen für Kinder unter 6 Jahren in vorzüglicher Weise. Wir müssen uns auch verabschieden, von den grundlegenden Fehlentwicklungen der letzten dreißig Jahre mit ihrer vernachlässigten Spracherziehung. Sprache ist das wichtigste Werkzeug des Menschen, um Kultur zu schaffen. Sie ist unter den sog. Schlüsselqualifikationen die zentrale, denn nahezu alle Schlüsselqualifikationen haben mit Sprachbeherrschung und Sprachanwendung zu tun.

Da in den meisten Fällen die „Sprachbarriere" als einzige Blockade für eine Integration angesehen wird, müssen Kinder mit Migrationshintergrund, die schlecht Deutsch sprechen, künftig vor der Einschulung Sprachkurse besuchen. Grundvoraussetzung für einen erfolgreichen Bildungsweg ist die Beherrschung der deutschen Sprache. Künftig muss es mit den Eltern Zielvereinbarungen über das Erlernen der deutschen Sprache bereits im vorschulischen Bereich geben mit Sprachtests ab dem 4. Lebensjahr und bei Defiziten Pflichtteilnahme an vorschulischen Sprachförderkursen ohne zusätzliche Kosten für die Kommunen und Freien Träger. Die Kinder gewinnen durch die intensive Förderung den Anschluss an die Muttersprachler. Mit der sprachlichen Mobilität wächst die Selbstsicherheit, aus stummen Kindern werden lebhafte Mitschüler, die sich in die Klassengemeinschaft integrieren. Auch die Muttersprachler können zügiger lernen – ein Gewinn für alle. Das ist die Schlüsselfrage zur Integration und ein Gebot der Fairness Kindern gegenüber.
Die Vorstellungen der Union gehen dahin

- Das dritte Kindergartenjahr im Idealfall zu einem Vorschuljahr weiterzuentwickeln, es verbindlich und kostenfrei zu stellen,
- die Ausbildung der erzieherischen Fachkräfte zu reformieren. Gut ausgebildete Erzieherinnen und Erzieher müssen auf die Herausforderungen der unterschiedlich zusammengesetzten Kindergartengruppen, dem Medieneinfluss und die stärkere Beratung von Eltern vorbereitet sein,
- das tatsächliches Einschulungsalter von 6 Jahren als Regel einzuführen und frühere Möglichkeiten zuzulassen,
- die Erziehungskompetenz der Eltern zu stärken. Die Zahl der Eltern, die mit der Erziehung ihrer Kinder überfordert sind, steigt; sie überlassen sie öffentlichen Einrichtungen.
- Neben dem „Haus der Familie" und den „Familientischen" wäre die Vereinbarung von verbindlichen Erziehungspartnerschaften zwischen Eltern und Betreuungs-/Bildungseinrichtungen bedeutsam. Dabei geht es sowohl um die verbesserte Kommunikation zwischen Schule und Elternhaus, um umfassende Elterninformation oder um das Erproben von Erziehungsverträgen.
- Eine bessere Verzahnung von Kindergarten und Grundschule mit früherem und flexibler gestaltetem Übergang.
- Im vorschulischen Bereich müssen wir die Defizite ausgleichen. Wenn in einzelnen Bundesländern zwar über 90 Prozent der Kinder eine Tagesstätte besuchen, aber 25 Prozent bei der Einschulung große Entwicklungsrückstände aufweisen, ist klar ersichtlich, dass qualitative Defizite existieren.

Deutschland braucht eine Bildungs- und Erziehungsoffensive

Viele Bildungspolitiker haben die Wucht des Wertewandels unterschätzt, der im Gefolge des damaligen Studentenaufstands das deutsche Schulwesen verändert hat. Verblüfft liest man nun in der Pisa-Studie, dass sich anderswo – und zwar keineswegs nur in koreanischen Paukschulen -, Disziplin und Selbstdisziplin als „leistungssteigernde Faktoren" auswirken. Dazu gehören auch Eigenschaften wie Ordnung, Fleiß und Pünktlichkeit, die jahrzehntelang als Sekundärtugenden verschrieen waren. Leider gibt es als Folge der Wirren der 68er in Deutschland eine Einstellung, die Schule als „Angriff auf die Kindheit" begreift und damit wiederum dem Nachwuchs schadet. Es wird uns nicht gelingen, eine Bildungsoffensive in Gang zu setzen ohne eine Erziehungsoffensive. Wir müssen vermehrt das Umfeld, in dem Bildung und Erziehung stattfinden, ins Zentrum der Debatte rücken.

Deutschland wendet aktuell sechsmal soviel Geld für Soziales wie für Bildung auf. Es wird spät repariert, weil nicht frühzeitig investiert wurde. Die Folgen: 20 Prozent eines Altersjahrganges sind nicht berufsbildungsfähig, der Anteil der Hochqualifizierten ist laut OECD mit knapp einem Drittel gegenüber 45 Prozent der anderen Mitgliedsländer deutlich zu gering, und jeder fünfte Ausländer ist hierzulande ohne Schulabschluss. Das deutsche Bildungswesen produziert heute die Sozialfälle von morgen. Politisch bedeutet dies: Die Vermeidung von Bildungsarmut ist die zentrale Herausforderung!

Wenn Deutschland das bildungspolitische Abseits verlassen soll, muss eine Schule neuen Typs den Tag dazu nutzen, erzieherische Aufgaben zu übernehmen, Freizeitangebote zu offerieren, um die katastrophal vernachlässigten Bildungsreserven in der deutschen Schülerschaft zu mobilisieren. Deutschland ist in besonderem Maße auf ein leistungsfähiges Bildungssystem angewiesen; denn der verborgene Reichtum eines Landes ohne ausreichende Rohstoffe sind seine Menschen mit ihren entwickelten Fähigkeiten und Begabungen. Keines dieser Talente darf verloren gehen, jedes wird gebraucht. Bildung ist unsere wichtigste Ressource – deshalb sind Investitionen in die Bildung Investitionen in die Zukunft. Aus diesem Grund ist ein sehr differenziertes Bildungssystem erforderlich. Wir brauchen ein Lernumfeld im Sinne des französischen Schriftstellers Michel de Montaigne; denn „Kinder sind keine Fässer, die gefüllt werden, sondern Feuer, die entfacht werden wollen".

Zum volkswirtschaftlichen Schaden der aktuellen vorschulischen Förderung in Deutschland oder warum die Frühförderung im demografischen Wandel an Bedeutung gewinnt

Dieter Dohmen

Einleitung

Die Diskussion über den demografischen Wandel erreicht langsam auch den Bildungsbereich. Dies erfolgt allerdings leider eher reaktiv, indem die Anzahl der Kindertageseinrichtungen und Schulen an die demografische Entwicklung, d.h. die sinkenden Kinderzahlen angepasst und die Bildungsausgaben verringert werden. Dies ist auch eine Folge des von der Finanzministerkonferenz beschlossenen „demografischen Sparens", das unterstellt, dass das deutsche Bildungssystem aufgrund der kleiner werdenden Alterskohorten weniger Finanzmittel benötigt. Dies übersieht mehreres. Es ist zwar m.e. durchaus zutreffend, dass das deutsche Bildungssystem mehr Ressourcen verbraucht als nötig, bedingt durch eine massive Ineffizienz. Nach groben Schätzungen dürften zwischen 20 und 25 % der eingesetzten Mittel von rund € 100 Mrd. (Dohmen/Hoi 2004) an Effizienzreserven innerhalb bzw. aus dem Bildungssystem heraus generiert werden können. Allerdings ist der Zusammenhang zwischen Demografie und Einsparpotenzialen nicht so einfach, wie die Finanzminister in ihrem Beschluss suggerieren. Vielmehr wären die Folgen einer entsprechenden Ausgabenpolitik für die langfristige wirtschaftliche und kulturelle Entwicklung katastrophal, wie die nachfolgenden Ausführungen zeigen werden.

Zur Verdeutlichung dieser Konsequenzen setze ich bei einer Betrachtung der Bevölkerungsentwicklung, fokussiert auf die Arbeitsmarktein- und -austritte an. Hieran schließt sich eine Analyse der derzeitigen Entwicklungstrends an, die durch eine Darstellung der positiven Effekte, eines gut ausgebauten und hochwertigen Kita-Systems abgerundet wird.

Alterskohorten bei Ein- und Austritt in den Arbeitsmarkt

Aus der Perspektive des vorliegenden Beitrags interessieren vor allen Dingen zwei Alterskohorten, diejenigen, die in den Arbeitsmarkt ein- bzw. austreten. Die Austretenden charakterisieren das Arbeitskräftevolumen, das durch die in den Arbeitsmarkt nachwachsende Generation ersetzt werden muss („Ersatzbedarf"). Die folgende Abbildung stellt diese beiden Kohorten unmittelbar gegenüber.

Abbildung 1:   Erwerbspersonenpotenzial in den Arbeitsmarkt ein- und austretender Kohorten

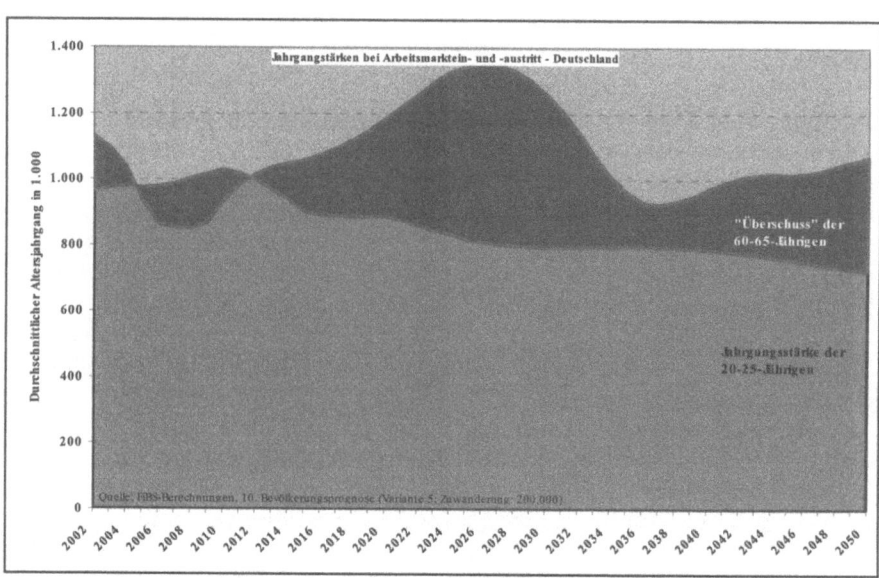

Aus dem Arbeitsmarkt treten die erwerbstätigen Personen im Renteneintrittsalter aus, d.h. (theoretisch) die 65jährigen.[1] Diese stellen c.p. den Ersatzbedarf dar, der durch Neueintritte in den Arbeitsmarkt gedeckt werden muss, d.h. durch die Gruppe der 18 bis 25jährigen.

In den kommenden Jahren sind die jüngeren Generationen noch etwas größer als die aus dem Arbeitsmarkt ausscheidenden Jahrgänge, d.h. der Arbeits-

---

[18] In der Abbildung wurde jeweils die durchschnittliche Kohortengröße der 20 bis 25 bzw. 60 bis 65 Jährigen zugrunde gelegt.

markt wird die ausscheidenden Arbeitskräfte ohne Probleme ersetzen können. Dies verändert sich jedoch in zunehmendem Maße ab etwa 2010 und erreicht ihren vorläufigen Höhepunkt um 2025. Trotz einer Zuwanderung von durchschnittlich 200.000 Personen aus dem Ausland ergibt sich 2025 eine Arbeitskräftelücke von rund 550.000 Personen pro Jahr; den rund 1,35 Mio. Älteren stehen nur rund 800.000 Junge gegenüber. D.h., wenn in 20 Jahren von den „Alten" nur zwei Drittel noch arbeiten würden, müsste von den Jungen schon jeder einzelne in den Arbeitsmarkt eintreten, um die Lücke zu füllen. Derzeit liegt die Erwerbsquote der 50-64jährigen tatsächlich bei rund 50 %, wobei es erhebliche qualifikationsspezifische Differenzen gibt (Reinberg/Hummel 2005). Hinzu kommt dann ferner, dass durch die zunehmende Differenz zwischen den beiden Kohorten die Potenziale zur Ausdehnung der Erwerbstätigkeit weitestgehend ausgeschöpft sein werden.

Um gleich dem beliebten Satz ‚Prognosen sind schwierig, insbesondere wenn sie in die Zukunft gerichtet sind zu entkräften: Die Hochschulabsolventen 2025 haben in diesem oder im letzten Jahr ihren Bildungsweg in den Kindertageseinrichtungen begonnen, und auch die Abiturienten und Absolventen einer (dualen) Ausbildung des Jahres 2025 sind größtenteils bereits geboren. D.h., die Größe der Alterskohorten ist bereits bekannt und keine fiktive Größe wie das obige Zitat suggeriert. Lediglich das Zuwanderungsvolumen ist „unbekannt" bzw. veränderbar. Zu berücksichtigen ist dabei jedoch, dass sich bei einer gegenüber heute verringerten Zuwanderung die Lücke vergrößern würde.

Qualifikationsniveaus

Die in rund 20 Jahren ausscheidenden Alterskohorten haben Mitte bis Ende der 1980er Jahre ihr Hochschulstudium beendet bzw. um 1980 ihre Berufsausbildung abgeschlossen. Rund 15 Prozent dieser Jahrgänge haben ein Hochschulstudium abgeschlossen und rund 65 bis 70Prozent eine Berufsausbildung. Wenn also die nachwachsende Generation nur rund halb so groß ist wie die ausscheidende, dann heißt dies, dass die Akademikerquote – ohne Berücksichtigung des generellen Trends zu höheren Qualifikationsanforderungen der Wirtschaft – verdoppelt werden muss. Statt 15 Prozent benötigen wir dann mindestens 30Prozent, eher 40 Prozent Akademiker. Unter ungefährer Konstanthaltung des Anteils an Personen mit einer Berufsausbildung bedeutet dies, dass der Anteil von un- oder gering qualifizierten Personen minimiert werden muss. Welche aktuellen Entwicklungen zeichnen sich ab?

Aktuelle Tendenzen und Entwicklungen im Bildungsbereich

Betrachtet man die aktuellen Entwicklungen, dann wird deutlich, dass diese nur teilweise in die erforderliche Richtung zeigen. Stattdessen weist ein erheblicher Teil der Indizien in die gegenläufige Richtung, was auf eine weitergehende Spaltung der Gesellschaft hindeutet. Dies soll anhand einiger zentraler Tendenzen gezeigt werden.

Stagnation und Dequalifikation statt Höherqualifizierung

Waren die 1970er und 1980er Jahre durch eine deutliche Höherqualifzierung der jüngeren Jahrgänge gegenüber den Vorgängergenerationen gekennzeichnet, so ist seit über zehn Jahren eine Stagnation bzw. nur noch leichte Zunahme bei den Akademikerquoten festzustellen.

Zwar liegen die Studienanfängerquoten seit einiger Zeit deutlich über 30 Prozent, dennoch ist die Akademikerquote in den vergangenen 10 Jahren nur marginal von 16,4 auf 18,4 Prozent gestiegen;[2] inwieweit die Trends der vergangenen zwei Jahre tatsächlich auf eine längerfristige Steigerung hinweisen, bleibt abzuwarten. Bleiben die Erfolgsquoten unverändert bei rund 75 Prozent der Studienanfänger, dann müsste sich die Akademikerquote bezogen auf den Altersjahrgang in den kommenden Jahren erheblich erhöhen.

Leicht gegenläufige Tendenzen zeigen sich auf den ersten Blick im (dualen) Berufsausbildungssystem, wobei die geringe Reduktion durch Zunahmen in den Übergängen in berufliche Schulen, d.h. Fach- und Berufsfachschulen sowie berufsvorbereitende Maßnahmen (Berufsgrundbildungsjahr etc.) bedingt ist.

Von zentraler Bedeutung ist der in den letzten Jahren zunehmende Anteil von Jugendlichen ohne Hauptschulabschluss. Rund jeder zehnte Jugendliche kann keinen Hauptschulabschluss mehr vorweisen. Dies ist angesichts der hohen Arbeitslosigkeit dieser Gruppe eine fatale Entwicklung. Die notwendigen Nachqualifizierungsmaßnahmen kosten meist viel Geld, lassen aber den wünschenswerten Erfolg weitgehend vermissen.

Betrachtet man die Entwicklung des Qualifikationsniveaus der 25-34 Jährigen zwischen 1995 und 2002, dann wird deutlich, dass sich der Anteil an Personen, der nicht mindestens einen Sekundarabschluss II hat, in diesen sieben Jahren von 11 auf 15 Prozent erhöht hat. Gleichzeitig hat sich der Akademikeranteil nur leicht erhöht, was im Umkehrschluss bedeutet, dass sich der Anteil an Personen mit einem mittleren Qualifikationsniveau um 5 Prozentpunkte reduziert hat.

---

[2] Betrachtet man ausschließlich die Alterskohorten deutscher Herkunft, dann stieg die Quote zwar von 18,5 % auf 20,8 %, allerdings ändert sich das Gesamtbild nur unwesentlich.

Dies ist international eine nahezu einmalige Entwicklung, in allen anderen industrialisierten Ländern ist das Qualifikationsniveau in den vergangenen Jahren deutlich gestiegen (siehe zusammenfassend Dohmen 2005c).

Dequalifikation bei den Hochqualifizierten

Fraglich ist, inwieweit die begonnene Neustrukturierung des Studiensystems, die sich als Folge des so genannten Bologna-Prozesses vor allen Dingen in den neuen Studienabschlüssen widerspiegelt, hier zu Veränderungen führen wird. Wird an den derzeit diskutierten rigorosen Übergangsquoten vom Bachelor- ins Masterstudium festgehalten, dann dürfte dies zwar einerseits zu höheren Akademisierungsraten führen. Andererseits würde sich aber der Anteil der Personen mit einem den heutigen Diplom- und Magisterabschlüssen vergleichbaren Qualifikationsniveau reduzieren.

Mit Blick auf den Qualifikationsbedarf der Unternehmen und den sich abzeichnenden Ersatzbedarf steht somit zu erwarten, dass Angebot und Nachfrage nach hoch- und höchstqualifizierten Arbeitskräften weiter auseinanderdriften könnten als bereits die bisherigen Prognosen bis 2015 erwarten lassen.

Im Hinblick auf die o.g. Akademisierungsquote ist darauf hinzuweisen, dass der notwendige Anteil von 30 oder gar 40 Prozent sich auf das heutige Diplom- bzw. Magisterniveau bezieht, dem der Masterabschluss entspricht. Dies bedeutet, dass bei einer (derzeit unrealistischen) Studierendenquote von 50 Prozent eines Altersjahrgangs die Übergangsquote in das Masterstudium bei 60 bzw. 80 Prozent liegen müsste; vorausgesetzt alle Studienanfänger schließen das Bachelorstudium erfolgreich ab – andernfalls droht eine Dequalifizierung auf höchstem Niveau.[3] Von der Politik werden derzeit aber Übergangsquoten vom Bachelor- ins Masterstudium von 20 bis 50 Prozent diskutiert. Zudem erscheint auch eine Studienanfängerquote von 50 Prozent in weiter Ferne.

Intergenerationale Kontinuität von Bildungswegen

Trotz aller (akklamatorischen) Bemühungen in den vergangenen 40 Jahren hat es Deutschland nicht geschafft, den starken Zusammenhang zwischen sozialer Herkunft und Bildungsniveau zu durchbrechen. In den vergangenen gut 20 Jahren

---

[3] Mir erscheint es dabei unrealistisch anzunehmen, dass der Bachelorabschluss dem heutigen FH-Abschluss entspricht, was offensichtlich manche unterstellen, sondern darunter liegen dürfte. Wenn aber viele Unternehmen bereits heute Probleme mit der Rekrutierung von Fachkräften haben, dürfte dies durch eine solche Entwicklung noch verschärft werden.

sind die Studierendenanteile aus niedrigen sozialen Herkunftsschichten sogar von 23 auf 13 Prozent zurückgegangen.

Umgekehrt kommen die meisten Jugendlichen ohne Hauptschulabschluss und/oder Berufsausbildung aus so genannten bildungsfernen Schichten bzw. haben einen Migrationshintergrund. Diese Entwicklung ist umso problematischer, wenn man sich die nachfolgend beschriebene Tendenz vor Augen führt.

Ein zunehmender Anteil an Kindern wird in bildungsferne Schichten hinein geboren

Die Indizien für diese These sind zwar nicht so eindeutig wie für die vorgehenden Aspekte, aber m.E. unübersehbar. So ist der Anteil von Kindern mit Sozialhilfebezug in den vergangenen rund 25 Jahren kontinuierlich und deutlich überproportional gestiegen. Zudem zeigt sich, dass die Sozialhilfe- bzw. die Armutswahrscheinlichkeit zunimmt, je größer die Anzahl bzw. umso jünger die Kinder sind. Zugleich sind alleinerziehende Eltern deutlich überproportional von Armut und Sozialhilfebezug betroffen (11. Kinder- und Jugendbericht).

Der alarmierendste Hinweis für die o.g. These ist die Tatsache, dass derzeit rund 40 % der Akademikerinnen des Jahrgangs 1965 keine Kinder haben; der Anteil der kinderlosen männlichen Akademiker ist sogar noch höher. Ferner haben Akademikerinnen, wenn sie Kinder haben, meist weniger Kinder als Frauen mit anderem Bildungshintergrund.

Diese Punkte deuten als Indizien stark darauf hin, dass die o.g. These richtig ist; und Kinder zunehmend in bildungsfernere und damit meist niedrigere sozioökonomische schwächere Schichten hineingeboren werden. In Verbindung mit der ungebrochenen Kontinuität intergenerationaler Bildungswege drohen somit aber längerfristige Dequalifizierungstendenzen.

Zusammenfassung

Die dargestellten Entwicklungen sind für die zukünftige Entwicklung des Bildungssystems bzw. die Anforderungen an ein zukunftsfähiges Bildungssystem von zentraler Bedeutung. Dem steigenden Bedarf an hochqualifizierten Arbeitskräften steht ein tendenziell sinkendes Potenzial an Kindern und Jugendlichen gegenüber, die quasi „sui generis" diesen steigenden Anforderungen entsprechen dürften, wenn der aufgezeigte Zusammenhang zwischen sozio-ökonomischer Herkunft und Bildungsniveau nicht endlich durchbrochen wird.

Wenn aber die Eltern bzw. Familien zu dieser Durchbrechung nicht oder nur eingeschränkt dazu in der Lage sind, dann kommt dem Bildungssystem **die zentrale Rolle** für die „Qualität" bzw. das Qualifikationsniveau der nachwachsenden Generationen zu. Wenn zudem die Entwicklungsdisparitäten umso größer werden, je älter die Kinder sind, dann ist der Elementarbereich die zentrale Schaltstelle für den nachfolgenden Bildungsweg, ohne die Relevanz des Schulsystems gering zu achten oder zu unterschätzen.

Bildungspotenziale im frühkindlichen Bereich mobilisieren

Eine jüngst vom FiBS vorgelegte Studie verdeutlicht die positiven Effekte, die sich aus einem qualitativ hochwertigen Kita-System ergeben (Dohmen 2005a, 2005b). Danach lassen sich positive Effekte des Kita-Systems auf alle Kinder identifizieren, insbesondere aber für Kinder aus benachteiligten Familien. Für diese letztgenannte Zielgruppe ermitteln amerikanische Langzeit-Untersuchungen bis zum 40. Lebensjahr erhebliche positive Effekte, die einem finanziellen Gegenwert (Return on Invest) von $ 12,90 je eingesetztem Dollar entsprechen. Dies entspräche – ökonomisch gesprochen – über 35 Jahre gerechnet einer durchschnittlichen Rendite von 7,5 % pro Jahr, wobei im Hinblick auf die Zielgruppe der Programme in den USA insbesondere die kriminalitätsreduzierenden Effekte zu erwähnen sind (Schweinhart 2004), die in dieser Form nicht auf Deutschland übertragen werden können. Dies könnte aber bedeuten, dass die positiven Effekte auf Kinder aus bildungsferneren Familien deutlich höher wären, als in anderen Studien für Deutschland oder die Schweiz allgemein ausgewiesen (Bock-Famulla 2002; Müller Kucera und Bauer 2000).

Insgesamt wirkt (hochwertige) frühkindliche Bildung, Betreuung und Erziehung auf die Kinder über folgende Effekte:

- unmittelbare Partizipationsnutzen der Kinder (höhere Zufriedenheit, besseres Sozialverhalten, höheres Selbstwertgefühl etc.)
- höhere IQ-Werte
- evtl. frühere Einschulung
- weniger Klassenwiederholungen
- geringerer Verweis auf Sonderschulen
- geringere Abbruchraten bzw. höhere Absolventenquoten
- früherer Bildungsabschluss
- höhere Übergangsquoten auf weiterführende Bildungseinrichtungen (Optionsertrag)
- besseres soziales Verhalten

- bessere Gesundheit und Ernährung
- geringere Kriminalitätsraten
- höheres Erwerbseinkommen und höhere Steuer- und Sozialversicherungseinnahmen
- geringere Arbeitslosigkeit
- geringere Inanspruchnahme von Sozialleistungen.[11]

Wichtig erscheint auch der Hinweis, dass diese Effekte prinzipiell umso größer sind, je besser die strukturelle und pädagogische Qualität der entsprechenden Einrichtung ist. Dies verweist aus mehreren Gründen auf einen notwendigen quantitativen und qualitativen Ausbau des frühkindlichen Bildungsbereichs.

Die hier kurz aufgeführten Effekte haben unmittelbare Rückwirkungen auf die für das Bildungssystem insgesamt aufgewendeten Ausgaben, die zwar für den Kita-Bereich höchstwahrscheinlich erhöht werden müssten, aber mittel- bis langfristig zu erheblichen Einsparungen in nachgelagerten Bildungsbereichen führen werden. Diese fiskalische Wirkungskette soll im Folgenden genauer dargestellt werden.

Die Kosten und Nutzen höherwertiger Kita-Einrichtungen

Aus den dargestellten positiven Effekten auf die Kindesentwicklung ergeben sich Folgewirkungen auf verschiedene Kostenträger und Nutzenempfänger. Abbildung 1 stellt die wesentlichen Kosten und Nutzen differenziert nach den einzelnen Kostenträgern und Nutzenempfängern dar, die sich aus dem **qualitativen und quantitativen** Ausbau des Kita-Bereichs ergeben würden.

So wirken qualitativ hochwertige Kitas über eine bessere persönliche Entwicklung des Kindes auf das Schulsystem. Einerseits können Kinder u.U. früher eingeschult werden oder haben bessere Voraussetzungen für die Schule. Dies heißt, dass sie größere Lernfortschritte erzielen bzw. die Lehrerinnen und Lehrer weniger stark kompensatorisch gefordert sind. In der Folge heißt dies, dass die Kinder weniger sitzen bleiben und/oder mit besseren Leistungen das Schulsystem (früher) verlassen.

---

[11] Darüber lassen sich auch unmittelbar positive Effekte auf die Eltern bzw. insbesondere die Mutter identifizieren, auf die hier allerdings nicht eingegangen werden soll (siehe hierzu Dohmen 2005a).

Abbildung 1: Exemplarische Übersicht über die privaten und öffentlichen Kostenträger und Nutzenempfänger

	Kind	Eltern	Unternehmen	Staat	Gesellschaft
Kosten		Höhere Steuerzahlung (marginal, c.p)	Höhere Steuerzahlung (marginal, c.p) Ausbaukosten in Betriebskindergärten	Politische Transaktions -/ Umsetzungskosten (B/L) Ausbaukosten (K)	Summe privater Kosten
Monetäre Nutzen	Bessere Bildung/Erziehung Bessere Bildungsleistungen Kürzere Bildungszeiten Höhere Einkommen Geringere Arbeitslosigkeit	Geringere Such - und Informationskosten Geringere „Reparatur" - kosten Geringere Lebenshalt (kürz. Bildungsdauer) Höheres eigenes Einkommen (Produktivität, Arbeitszeit)	Produktivere u. weniger Teilzeit arbeitende Eltern Bessere Wettbewerbs - fähigkeit Höhere Gewinne Geringere Steuerzahlung Geringere Lohnnebenk Geringere Qualifizie-rungskosten	Niedrigere Sozialausgaben (kurz-/langfristig) Höhere Steuer - und SV-Einnahmen (kurzfr) Geringere Bildungs - und Reparaturkosten Höhere Steuer - und SV-Einnahmen (langfr) Standortfaktor Qualifi-kation , Familie, Bildung	Summe private Erträge Höheres Wirtschafts - wachstum Bessere Wettbewerbs - fähigkeit Standortfaktor Qualifi-kation , Familie, Bildung
Nicht-monetäre Nutzen/ externe Effekte	Bessere Gesundheit Konsumverhalten Geringere Kriminalit äts-wahrscheinlichkeit		Bessere Wettbewerbs - fähigkeit Standortfaktor Qualifi-kation , Familie, Bildung	Geringere Kriminalit äts-wahrscheinlichkeit Höhere Wettbewerbs - fähigkeit	Geringere Kriminalit ät Bessere Gesundheit Sonstige externe Effekte (Demokratie, soziales Kapital)

Die kürzere Verweildauer bedeutet geringere Kosten für das Schulsystem, wovon vor allem die Bundesländer profitieren, die den größten Ausgabenanteil finanzieren. Verbunden ist damit auch eine geringere Quote von Jugendlichen, die in Sonderschulen verwiesen werden müssen, die deutlich teurer sind als andere Schulen. Bessere schulische Leistungen heißt zudem, dass Jugendliche früher in eine Berufsausbildung eintreten und die häufig monitierten Leistungsdefizite weitestgehend eliminiert werden könnten. Dies hat einerseits positive Effekte für die öffentlichen Haushalte, da sie dann einerseits früher Steuer- und Sozialversicherungszahlungen erhalten und eher die geringeren Kosten für die Berufsschulen finanzieren müssten. Die Anteile der Jugendlichen, die eine Schule ohne Abschluss verlassen, dürften deutlich geringer werden etc. D.h. insbesondere die Länder dürften über geringere Kosten im Schulsystem bei besseren Kita profitieren. Vorteile haben aber natürlich auch die Unternehmen und die Gesellschaft.

Ferner dürften mehr Jugendliche in die allgemein bildende Sekundarstufe II eintreten und die Hochschulreife erwerben und anschließend studieren. Dies wäre zwar vorübergehend mit höheren öffentlichen und privaten Ausgaben verbunden, würde sich aber mittelfristig ebenfalls rentieren und zwar für die öffentlichen und privaten Haushalte, d.h. konkret für Individuen, Unternehmen, Staat und Gesellschaft.

Ein grundlegendes Problem, das in der nachfolgenden Abbildung 2 deutlich wird, ist, dass die Kosten und Erträge der öffentlichen Hand auseinander fallen. Nach der derzeitigen Finanzlastverteilung wären die Kommunen diejenigen, die den quantitativen und qualitativen Ausbau ganz überwiegend finanzieren müssten, wovon aber vor allen Dingen Bund und Länder kurz-, mittel- und langfristig profitieren würden. Dies bedeutet, dass die ungünstigen Anreizstrukturen dem notwendigen und individuell wie wirtschaftlich notwendigen Ausbau entgegenstehen.

Abbildung 2: Exemplarische Übersicht über die öffentlichen Kostenträger und Nutzenempfänger

	Kommune	Land	Bund
Kosten	Kosten des Ausbaus (überwiegend)	Höhere Schulausgaben bei mehr Übergängen in weiterführende allgemeinbildende Schulen und Hochschulen Kosten für die Qualifizierung zus ätzlicher ErzieherInnen	
Monet äre Nutzen/ Kostenreduktionen	Geringere Sozialhilfeausgaben Höhere Einkommensteuereinnahmen (15%), ggf auch fr über Höhere Gewerbesteuereinnahmen Niedrigere Ausgaben bei anderen Jugendhilfeausgaben etc	Geringere „Reparatur"-kosten (z.B Sonder -schulen) Höhere Einkommensteuereinnahmen (42,5%), ggf auch fr über Niedrigere Sozialausgaben Geringere Kriminalitätskosten (Strafverfolgung, Strafvollzug)	geringere Bildungs - und Reparaturkosten (z.B berufsvorbereitende Ma ßnahmen, Jump) höhere Einkommensteuereinnahmen (42,5%), ggf auch fr über frühere u. h öhere Sozialversicherungs -einnahmen (100 %), gering Bundeszuschuss Bessere Wettbewerbf ähigkeit Höheres Wirtschaftswachstum Bessere Gesundheit = geringere KV -Kosten
Nicht -monet äre Nutzen/externe Effekte	Standortfaktor Qualifikation, Familie, Bildung Sonstige externe Effekte (Demokratie, soziales Kapital)	Standortfaktor Qualifikation, Familie, Bildung Sonstige externe Effekte (Demokratie, soziales Kapital)	Standortfaktor Qualifikation, Familie, Bildung Sonstige externe Effekte (Demokratie, soziales Kapital)

Um die Konsequenzen dieser Strukturprobleme aufzuzeigen und damit den Bogen vollends aufzuspannen, sei darauf hingewiesen, dass umgekehrt aus diesen Überlegungen folgt, dass ein unzureichender quantitativer wie qualitativer Ausbau mit negativen Effekten auf die Kindesentwicklung und die nachgelagerten Bildungsprozesse, aber auch die wirtschaftliche und individuelle Entwicklung verbunden wäre, einschließlich höherer Arbeitslosigkeits- und Sozialleistungswahrscheinlichkeit. Hierbei ist zudem zu berücksichtigen, dass insbesondere der Krippenbereich überproportional von mittleren und oberen Schichten genutzt wird und insofern keinerlei kompensatorische Funktion übernehmen kann. Ähn-

34

lich dürfte auch der Zugang zu hochwertigeren Einrichtungen einseitig zugunsten dieser Gruppen verteilt sein. Diese Folgen einer unzureichenden Frühförderung lassen sich somit dahingehend zusammenfassen: Einerseits werden erhebliche öffentliche Mittel für längere Schulzeiten und insbesondere Nachqualifizierungen, aber auch Sozialleistungen gebunden. Andererseits werden die Unternehmen in zunehmendem Maße abwandern müssen, nicht weil die Arbeitskosten in Deutschland zu hoch und das Umfeld unattraktiv ist, sondern weil ihnen die qualifizierten Arbeitskräfte schlicht fehlen werden. Dies gilt dann im Übrigen nicht mehr nur für die großen und mittleren Unternehmen, sondern in zunehmendem Maße auch für die kleinen, da sie die ungünstigsten Voraussetzungen für eine erfolgreiche Ansprache hochqualifizierter Arbeitskräfte haben. Dies würde in nachhaltig niedrigeren wirtschaftlichen Wachstumsraten und in einem sinkenden Wohlstand resultieren. Deutschland hat auch bildungsbedingt in den vergangenen Jahren erheblich an Boden gegenüber wirtschaftlich vergleichbaren Ländern verloren (siehe zusammenfassend Dohmen 2005c)

Ich gebe durchaus zu, dass dies wie „Horrorszenarien" wirken und vordergründig leicht abgetan werden könnte; allerdings wäre es fatal, wenn die beschriebenen Indizien für eine solche Entwicklung zu übersehen bzw. nicht zu erwähnen. Wichtig ist dabei auch der Hinweis, dass sich die notwendigen Maßnahmen auf das gesamte Bildungssystem verteilen und die Kindertageseinrichtungen hier nicht alleine gefordert sind. Ein entsprechender 12.-Punkte-Plan wurde vom FiBS im vergangenen Jahr vorgelegt (siehe Pressemitteilung vom 6.5.2004) sowie die etwas ausführlichere Fassung des vorliegenden Beitrags (Dohmen 2005d).

Literatur

Bock-Famulla, Kathrin (2002), Volkswirtschaftlicher Ertrag von Kindertagesstätten, Gutachten im Auftrag der Max-Traeger-Stiftung (Zusammenfassung), vervielfältigt, Bielefeld.

Bundesministerium für Familie, Senioren, Frauen und Jugend (2001), 11. Kinder- und Jugendbericht. Bericht über die Lebenssituation junger Menschen und die Leistungen der Kinder- und Jugendhilfe in Deutschland, Berlin.

Dohmen, Dieter, Michael Hoi (2004), Bildungsaufwand in Deutschland – eine erweiterte Konzeption des Bildungsbudgets, (Studien zur Technologischen Leistungsfähigkeit, 3-2004), FiBS-Forum Nr. 20, Köln.

Dohmen, Dieter (2005a), Die Kosten und Nutzen eines Gütesiegels für Kindertageseinrichtungen, Gutachten im Auftrag des Deutschen Jugendinstituts (DJI), München. (zugleich FiBS-Forum Nr. 23; www.fibs-koeln.de).

Dohmen, Dieter (2005b), Die Kosten und Nutzen eines Gütesiegels für Kindertageseinrichtungen, in: Angelika Diller, Hans Rudolf Leu, Thomas Rauschenbach (Hrsg.), Der Streit um das Gütesiegel, DJI Fachforum Bildung und Erziehung, hrsg. vom Deutschen Jugendinstituts (DJI), München.

Dohmen, Dieter (2005c), Deutschlands Bildungssystem im internationalen Vergleich vor dem Hintergrund der technologischen Leistungsfähigkeit Deutschlands, Studie für den Bericht zur technologischen Leistungsfähigkeit Deutschland, FiBS-Forum Nr. 24 (www.fibs-koeln.de), Köln.

Dohmen, Dieter (2005d), Warum die Frühförderung im demografischen Wandel an Bedeutung gewinnt, FiBS-Forum Nr. 27, Köln (www.fibs-koeln.de).

Müller Kucera, Karin, Tobias Bauer (2000), Volkswirtschaftlicher Nutzen von Kindertagesstätten. Welchen Nutzen lösen die privaten und städtischen Kindertagesstätten in der Stadt Zürich aus? Schlußbericht, vervielfältigt, Bern.

Reinberg, Alexander, Markus Hummel (2005), Höhere Bildung schützt auch in der Krise vor Arbeitslosigkeit, IAB-Kurzbericht Nr. 9 v. 13.6.2005, Nürnberg.

Schweinhart, Larry, (2004), David Weikart's Legacy – The High/Scope Pery Preschool Study to Age 40, mimeo (www.highscope.org), Ypsilanti.

Die Betreuung in Kindertageseinrichtungen: Ein Ausbau ist notwendig und muss auch öffentlich finanziert werden[1]

C. Katharina Spieß

Bereits zu Beginn der 70er Jahre wies der Deutsche Bildungsrat, ein Beratungsgremium, das von der damaligen Bundesregierung berufen war, dem deutschen Kindergarten einen eigenständigen Bildungsauftrag zu. Der Kindergarten wurde als die unterste Stufe des Bildungssystems bezeichnet, auf dem die weiteren Stufen aufbauen sollten. In der breiten öffentlichen Debatte um die vorschulische Kinderbetreuung kam diesem Bildungsauftrag lange Zeit keine größere Bedeutung zu. Seitdem die Ergebnisse internationaler Schulleistungsstudien, wie z.B. der PISA Studien, vorliegen und die breitere Öffentlichkeit darüber diskutiert, warum die deutschen Schüler international betrachtet vergleichsweise schlecht abgeschnitten haben, werden Bildungsaspekte des vorschulischen Bereichs auch in der deutschen Öffentlichkeit wieder breiter diskutiert.

Vor dem Hintergrund wissenschaftlicher Erkenntnisse aus unterschiedlichen Fachdisziplinen in Hinblick auf die Bedeutung der ersten Jahre für den späteren Bildungserwerb oder auch Bildungserfolg, wird darüber nachgedacht, wie – neben dem Schulbereich – auch der vorschulische Bereich in Deutschland reformiert werden kann. Dabei bleibt die Diskussion nicht auf den Kindergarten beschränkt, sondern wird auch auf die Betreuung von Kindern unter drei Jahren erweitert.

Bildungsauftrag und bessere Vereinbarkeit von Familie und Beruf

Eine Reform der vorschulischen Kinderbetreuung wird in Deutschland jedoch nicht nur unter bildungspolitischen Gesichtspunkten diskutiert, sondern auch unter dem Aspekt einer besseren Vereinbarkeit von Beruf und Familie. Unter fast allen politischen Parteien und Akteuren besteht ein Konsens darüber, dass die Bedingungen für die Vereinbarkeit von Erwerbs- und Familienarbeit insbesondere in Westdeutschland verbessert werden müssen. Im internationalen Ver-

---

[1]Ich danke Katharina Wrohlich für hilfreiche Anmerkungen zu diesem Beitrag.

37

gleich sind in Deutschland die Erwerbsquoten vor allem von Müttern mit jüngeren Kindern relativ niedrig. Hinzu kommt, dass die große Mehrheit nicht erwerbstätiger Mütter einen Erwerbswunsch äußert (vgl. z.b. Büchel und Spieß 2002).

Der Gesetzgeber hat im Kinder- und Jugendhilfegesetz (KJHG) beide Aspekte der vorschulischen Kinderbetreuung als den gesetzlichen Auftrag von Kindertageseinrichtungen bereits festgeschrieben: § 22 (1) KJHG besagt, dass in Kindertageseinrichtungen die Entwicklung des Kindes zu einer eigenverantwortlichen und gemeinschaftsfähigen Persönlichkeit gefördert werden soll, was einem Bildungsauftrag von Kindertagseinrichtungen gleich kommt. In § 80 (2) KJHG wird geregelt, dass die Einrichtungen und Dienste der Jugendhilfe so geplant sein sollen, dass insbesondere Mütter und auch Väter Aufgaben in der Familie und Erwerbstätigkeit miteinander vereinbaren können.

Auch auf europäischer Ebene wird die Verfügbarkeit von Kinderbetreuungseinrichtungen explizit als Voraussetzung für eine höhere Müttererwerbstätigkeit vom Europäischen Rat genannt. In den Schlussfolgerungen des Vorsitzes des Europäischen Rats von Barcelona 2002 wird z.B. gefordert, dass die Mitgliedstaaten das Versorgungsangebot an Betreuungsplätzen für Kinder unter 3 Jahren bis zum Jahr 2010 auf 33 Prozent anheben.[2]

Große Versorgungslücken in Westdeutschland

Westdeutschland ist von diesem Versorgungsziel noch weit entfernt, während die ostdeutschen Bundesländer die Zielmarke von 33 Prozent weitgehend erreichen (siehe auch Abbildung 1). Im Bundesdurchschnitt stehen 1.000 unter Dreijährigen 114 Plätze zur Verfügung, für Kinder im Kindergartenalter sind es 952 Plätze. Die großen regionalen Unterschiede betreffen insbesondere die Versorgungsquoten für Kinder im Alter unter drei Jahren. Für Westdeutschland zeigt sich, dass insbesondere die Stadtstaaten hohe Versorgungsquoten für Kinder unter drei Jahren aufweisen, dagegen weisen Nordrhein-Westfalen und Bayern mit 2% sehr niedrige Versorgungsquoten im sogenannten Krippenbereich auf. Für Kinder im Kindergartenalter sind – mit der Ausnahme Hamburgs – in allen Bundesländern für mindestens 80% der Kinder Plätze vorhanden. Dies hängt mit dem bundesweit geregelten Rechtsanspruch auf einen Kindergartenplatz zusammen. Dieser gilt allerdings nur für vier Stunden, was die Vereinbarkeit von Beruf und Familie erschwert. Insbesondere in den westdeutschen Kindergärten wird häufig kein Mittagessen angeboten und nur für 21% der Kinder steht ein Ganz-

---

[2] Vgl. Schlussfolgerungen des Vorsites. Europäischer Rat (Barcelona) 15. und 16. März 2002. (http://www.labournet.de/diskussion/eu/gipfel/rat.pdf, S. 13)

tagsplatz zur Verfügung, während in Ostdeutschland nahezu alle Plätze Ganztagsplätze sind (vgl. dazu auch die Differenzierung nach Bundesländern in Abbildung 1).

Abbildung 1:   Versorgungsquoten in den deutschen Bundesländern

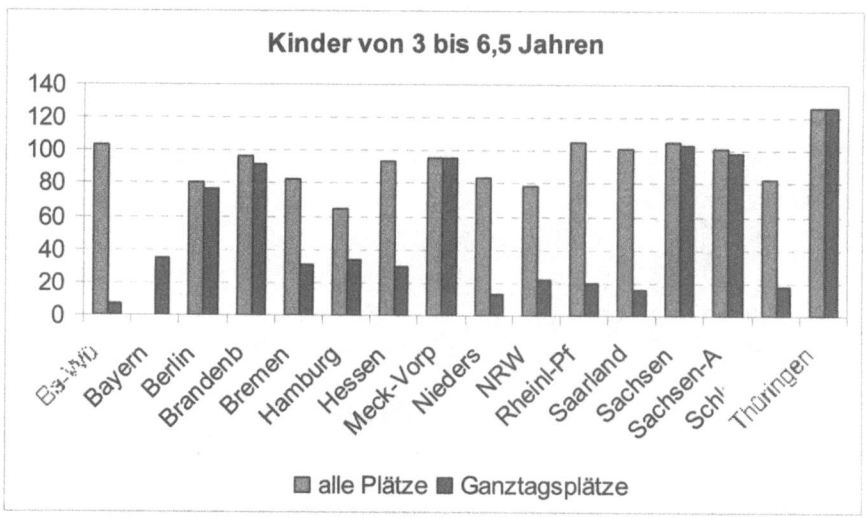

Kinder von 3 bis 6,5 Jahren

■ alle Plätze ■ Ganztagsplätze

Anmerkung: Die Versorgungsquote errechnet sich aus der Anzahl der verfügbaren Plätze pro 100 Kinder in der jeweiligen Altersgruppe.
Quelle: Zahlen aus: Statistisches Bundesamt: Kindertagesbetreuung in Deutschland. Einrichtungen, Plätze, Personal und Kosten 1990 bis 2002. Wiesbaden 2004. Grafische Darstellung: DIW Berlin.

In fast allen anderen europäischen Ländern sind die Versorgungsquoten deutlich höher: Abbildung 2 zeigt für unterschiedliche EU-Staaten den Anteil der Kinder unter 3 Jahren, für die ein staatlich geförderter Betreuungsplatz zur Verfügung steht. Während in den ostdeutschen Bundesländern die Versorgungsquoten im europäischen Spitzenfeld liegen, ist die Versorgung in Westdeutschland sehr niedrig, vergleichbar mit südeuropäischen Ländern. In den skandinavischen Ländern und z.B. in Frankreich werden viele Kinder unter drei Jahren jedoch nicht nur in Kindertageseinrichtungen sondern auch in Tagespflege betreut, was in der Abbildung nicht erfasst ist. Der Anteil der außerhäusig betreuten Kinder liegt in diesen Ländern deutlich höher als die Versorgungsquote mit Plätzen in Einrichtungen. So werden z.B. in Dänemark 46 Prozent der Kinder unter drei

Jahren in Einrichtungen betreut; zählt man jedoch auch jene Kinder hinzu, die in Tagespflege betreut werden, so liegt der Anteil der extern betreuten Kinder bei 64 Prozent, in Schweden bei 48 und in Frankreich bei 29 Prozent (vgl. z.B. OECD 2002).

Abbildung 2:   Anteil der Kinder, für die ein staatlich subventionierter bzw. finanzierter Betreuungsplatz zur Verfügung steht

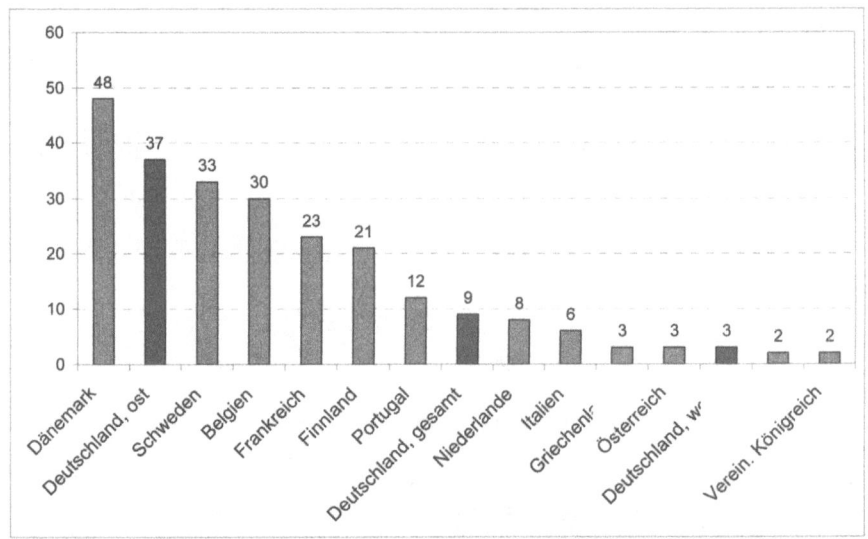

Anmerkungen: Für alle Länder außer Deutschland beziehen sich die Zahlen auf den Zeitraum 1990 – 1995. Für Deutschland wurden die Zahlen aus dem Jahr 2002 angegeben.
Quelle: Bundesministerium für Familien, Senioren, Frauen und Jugend: Die Familie im Spiegel der amtlichen Statistik. Berlin 2003, und Statistisches Bundesamt: Kindertagesbetreuung in Deutschland. Einrichtungen, Plätze, Personal und Kosten 1990 bis 2002. Wiesbaden 2004.

In Deutschland kommt der Tagespflege bisher keine so große Bedeutung zu, wie in den skandinavischen Ländern, was z.B. auch darin zum Ausdruck kommt, dass sie bisher von der Kinder- und Jugendhilfestatistik nicht erfasst wird. Dies liegt u.a. auch daran, dass die Tagespflege in Deutschland nur zum Teil über offizielle Stellen, d.h. Jugendämter, vermittelt wird. Ein Großteil der Tagespflege ist vielmehr dem grauen Markt zuzuordnen. Aus Umfragedaten, wie z.B. dem Sozioökonomischen Panel (SOEP) ist bekannt, dass in Deutschland etwa 7 Prozent der Kinder unter drei Jahren von einer Tagesmutter oder einer anderen be-

40

zahlten Betreuungsperson betreut werden. Neben der bezahlten Betreuung in Kindertagesstätten greifen viele Eltern auch auf informelle, oftmals unbezahlte Betreuungsarrangements zurück: In ganz Deutschland werden 32 Prozent der Kinder unter drei Jahren von Freunden und Bekannten und dabei insbesondere von den Großmüttern betreut. Diese Art der Betreuung kommt in Ostdeutschland mit 38 Prozent häufiger vor als in Westdeutschland, wo der Anteil bei 30 Prozent liegt.

Ausbau der Tagesbetreuung dringend erforderlich

Vor dem Hintergrund der niedrigen Versorgungsquoten in den westdeutschen Bundesländern will die derzeitige deutsche Bundesregierung den Ausbau der Tagesbetreuungsplätze, insbesondere für Kinder unter 3 Jahren, voranbringen. Das Tagesbetreuungsausbaugesetz (TAG), das seit 1. Januar diesen Jahres in Kraft ist, sieht einen bedarfsgerechten und qualitätsorientierten Ausbau der Kinderbetreuung vor. Ein Bedarf besteht nach diesem Gesetz dann, wenn beide Elternteile eines Kindes erwerbstätig sind bzw. sein wollen oder wenn eine Betreuung zur Förderung des Kindeswohls notwendig ist (vgl. § 24, Absatz 3, Nummer 1 und 2 KJHG). Für den entsprechenden Ausbau von Kinderbetreuungsplätzen will der Bund jährlich 1,5 Mrd. Euro bereitstellen. Dieses Finanzvolumen soll sich aus Einsparungen aufgrund der Zusammenlegung von Arbeitslosen- und Sozialhilfe ergeben. Dabei geht der Bund davon aus, dass in den westdeutschen Bundesländern einschließlich Berlin bis 2011 insgesamt rund 230 000 Plätze neu geschaffen und die Betriebskosten finanziert werden müssen.

Wie aktuelle Berechnungen des DIW Berlin (vgl. Wrohlich 2005 sowie Spieß und Wrohlich 2005 a und b) zum tatsächlichen Bedarf an Kindertageseinrichtungen zeigen, kann über den angestrebten Ausbau der Bundesregierung der Bedarf an Kinderbetreuungsplätzen für bereits erwerbstätige und stark erwerbsorientierte Mütter gedeckt werden, darüber hinaus besteht aber eine zusätzliche Nachfrage.

Die Schätzung des Bedarfs an Kinderbetreuungsplätzen des DIW Berlin ermöglicht es eine sogenannte „Rationierungswahrscheinlichkeit" zu berechnen, d.h. die Wahrscheinlichkeit, dass Eltern für ein Kind einen Betreuungsplatz nachfragen, aber keinen angeboten bekommen. Im Durchschnitt beträgt diese Rationierungswahrscheinlichkeit für Kinder bis drei Jahren in den ostdeutschen Bundesländern 57 und in den westdeutschen Bundesländern 61 Prozent. Damit sind die Rationierungswahrscheinlichkeiten in beiden Regionen sehr ähnlich, obwohl sich die Versorgungsquoten stark unterscheiden. Der Grund dafür ist, dass in den ostdeutschen Bundesländern auch deutlich mehr Kinderbetreuungsplätze nachgefragt werden – durchschnittlich für 83 Prozent aller Kinder, während es in Westdeutschland nur 65 Prozent sind. Kinder zwischen 3 und 6,5 Jahren sind mit einer sehr viel geringeren Wahrscheinlichkeit bei der Nachfrage „rationiert". In Westdeutschland sind rund 10 Prozent aller Kinder rationiert, in Ostdeutschland sind es sogar nur 3 Prozent. Für diese Altersgruppe ist allerdings darauf hinzuweisen, dass in Westdeutschland möglicher weise „Rationierung" in Bezug auf Ganztagsplätze besteht, was die DIW-Berechnungen nicht berücksichtigen können. Ein weiteres Ergebnis Schätzungen des DIW Berlin ist, dass insgesamt über 1,2 Mill. Kinder im Alter von unter drei Jahren „rationiert" sind (vgl. insbesondere Wrohlich 2005).

Wenn, wie in der Gesetzesbegründung des TAG aufgeführt, 230 000 zusätzliche Plätze nur in Westdeutschland und Berlin geschaffen werden, so würde dieses zusätzliche Platzangebot in Westdeutschland ausreichen, um Kindern von voll- und teilzeiterwerbstätigen Müttern und Müttern mit einem starken Erwerbswunsch, die bisher auf einen Platz warten, einen solchen zur Verfügung zu stellen. Die neuen Analysen des DIW Berlin haben aber auch gezeigt, dass Mütter nicht nur in Westdeutschland, sondern auch in Ostdeutschland „rationiert" sind. Nimmt man diese Gruppe von Kindern hinzu, so besteht ein weitaus höherer Bedarf: Etwa 250 000 Kinder mit erwerbstätigen Müttern sind in Gesamtdeutschland rationiert. Hinzu kommen rund 25 000 Kinder, deren Mütter einen starken Erwerbswunsch haben.

Den Kommunen fehlt häufig das Geld

Wenn es das politische Ziel ist auf diese Nachfrage zu reagieren und den vorschulischen Betreuungsbereich in Deutschland auszubauen, so bedarf es großer Anstrengungen aller gesellschaftlichen Akteure. Wie die intensiven Diskussionen der letzten zwei Jahre um den Ausbau der Betreuung für Kinder unter drei Jahren gezeigt hat, müssen diese Diskussionen immer auch mit der Frage der Finanzierung verbunden werden. In Deutschland sind für die Finanzierung von Kindertageseinrichtungen primär die Kommunen und auch die Länder zuständig. Viele Kommunen sehen aufgrund ihrer schlechten Haushaltslage jedoch häufig wenig Spielraum für einen Ausbau dieser Infrastrukturleistungen.

Dies hat seine Gründe auch darin, dass sich unter kurzfristigen und rein fiskalischen Gesichtspunkten der Ausbau der Kinderbetreuung für sie nicht unbedingt „rechnet". Zum einen decken die Gebühren nur einen Bruchteil der Kosten ab und zum anderen fließt der weitaus größere Teil der induzierten Steuer- und Beitragseinnahmen (vgl. z.B. Spieß 2004) in die Kassen der Länder und des Bundes bzw. Sozialversicherungsträger, auch werden vorrangig diese durch

Minderausgaben entlastet. Zwar wird im Rahmen des kommunalen Finanzausgleichs ein Teil dieser Mittel von den Ländern an die Kommunen „zurück" transferiert. Doch ist nicht gewährleistet, dass die Mittel auch dort ankommen, wo sie benötigt werden (vgl. Vesper 2004).

Um einen bedarfsgerechten Ausbau der Kinderbetreuung in Deutschland zu bewerkstelligen, muss deshalb über Reformen nachgedacht werden, die eine Finanzierung dieser wichtigen Dienstleistung nachhaltig sicher stellt. Kurz- bis mittelfristig sollte an eine Reform des kommunalen Finanzausgleichs gedacht werden, welche die Kinderbetreuung stärker als bisher berücksichtigt. Sowohl aus ökonomischer und fiskalischer Sicht sprechen wichtige Gründe dafür, eine entsprechende Ausgestaltung von Nebensätzen im Finanzausgleich vorzunehmen: Je mehr Kinder in einer Gemeinde leben und je besser die Kinderbetreuungsmöglichkeiten sind, umso mehr Geld sollten zur Verfügung gestellt werden (Vesper 2004).

Ferner sollte auch an mittel- bis langfristigen Reformen weitergearbeitet werden, die eine nachhaltige Finanzierung dieser Bildungs- und Betreuungsdienste sicherstellen. Solche Reformen müssen grundsätzlicher Natur sein, wenn sie eine nachhaltige und langfristige Wirkung erzielen sollen. Zudem könnte überlegt werden, den Bund explizit an der Finanzierung der Kinderbetreuungsinfrastruktur zu beteiligen. Dafür wäre in Deutschland jedoch eine Änderung der Gesetzeslage notwendig.

Für eine nachhaltige Perspektive: die Familienkasse

Hinzu kommt, auch eine Beteiligung des Bundes allein kann nicht sicherstellen, dass die außerhäusige Kinderbetreuung *nachhaltig* finanziert wird, da auch Bundesmittel in jedem Haushaltsjahr neu verhandelt werden. Vor diesem Hintergrund sind Reformen sinnvoll, die daran ansetzen, die außerhäusige Kinderbetreuung über eine unabhängige Institution zu finanzieren. Eine solche Institution könnte zum Beispiel eine Familienkasse sein, in der unterschiedliche familienbezogene Leistungen gebündelt werden (vgl. Spieß 2004, Spieß 2005 sowie Spieß und Wrohlich 2005a und b). Eine Familienkasse könnte als parafiskalische Organisation ausgestaltet sein. Die grundsätzliche Idee ist, dass ein Parafiskus mehr und nachhaltigere Mittel mobilisieren kann als dies dem Finanzminister möglich wäre.

Eine Familienkasse sollte sich aus Steuermitteln finanzieren. Dies hat vorrangig systematische Gründe, da der Ausbau der außerhäusigen Kinderbetreuung heute als eine gesamtgesellschaftliche Aufgabe angesehen wird. Solche gesamtgesellschaftlichen Aufgaben werden üblicherweise über Steuern finanziert. Eine zentrale Zuständigkeit für die Familienkasse sollte bei einer selbständigen Organisation angesiedelt sein. Dies kann die Unabhängigkeit dieser Institution erhöhen und unterstreicht ihre Relevanz. Außerdem sollte sie als ein eigenständiges Selbstverwaltungsorgan konzipiert werden. Um eine „Verselbstständigung" einer neuen Verwaltung zu verhindern, sollten gleich zu Anfang sinnvolle Kontrollmechanismen eingeführt werden. Auf regionaler Ebene sollten als Teil einer Familienkasse oder in einer rechtlich noch zu regelnden Zuordnung zu derselben Ausführungsagenturen etabliert werden. Diese sollten gewährleisten, dass die Familien vor Ort Ansprechpartner für die vielfältigen familienbezogenen Leistungen haben. Die Einnahmen aus Steuermitteln sollten direkt der Familienkasse zufließen, um zu verhindern, dass Haushaltsengpässe o.ä. zu einer Kürzung der Mittel führen. Es wäre auch denkbar, dass die Mittel in einen sogenannten Familienfonds fließen. Die Verwaltung des Fonds sollte allerdings bei der Familienkasse angesiedelt sein.

Mit einer solchen Reformoption würde auch die Transparenz, die Effizienz, die Treffsicherheit und Zielgenauigkeit familienbezogener Leistungen in Deutschland insgesamt erhöht werden – die Finanzierung der außerhäusigen Kinderbetreuung hätte eine nachhaltige und langfristige Perspektive. Dies wäre sowohl unter bildungspolitischen Gesichtspunkten als auch vor dem Hintergrund der Vereinbarkeit von Beruf und Familie zentral.

Literatur

Felix Büchel und C. Katharina Spieß: Form der Kinderbetreuung und Arbeitsmarktverhalten von Müttern in West- und Ostdeutschland. Stuttgart 2002.

OECD Employment Outlook. Paris 2001.

C. Katharina Spieß: Parafiskalische Modelle zur Förderung familienpolitischer Leistungen, *DIW Materialien* Nr. 36, Berlin 2004 (unter Mitarbeit von Sebastian Thomasius)

C. Katharina Spieß: Die Bündelung und Integration familienbezogener Leistungen bei einer Familienkasse, in: Jörg Althammer und Ute Klammer (Hrsg.): Ehe und Familie in der Steuerrechts- und Sozialordnung. erscheint demnächst.

C. Katharina Spieß: Kosten und Nutzen von Kinderbetreuung: Internationale und nationale Betrachtungen aus ökonomischer Perspektive, in: L. Mohn und R. Schmidt (Hrsg.): Familie bringt Gewinn (hrsg. von L. Mohn und R. Schmidt), Gütersloh 2004

C. Katharina Spieß und Katharina Wrohlich: Wie viele Kinderbetreuungsplätze fehlen in Deutschland, DIW Wochenbericht 14 (2005a)

C. Katharina Spieß und Katharina Wrohlich: Kindertageseinrichtungen: Bedarf und nachhaltige Finanzierung, in: *Aus Politik und Zeitgeschichte*, Ausgabe 23-24/2005b (30-37).

Dieter Vesper: Anreize für Kommunen mehr Kinderbetreuungsmöglichkeiten bereitzustellen. DIW Berlin – Politikberatung Kompakt Nr. 5. Berlin 2004.

Katharina Wrohlich: The Excess Demand for Subsidized Child Care in Germany. DIW Diskussionspapier Nr. 470, Berlin 2005.

Zur künftigen Finanzierung der frühkindlichen Bildung in Deutschland

Elke Birkhäuser, Gisela Erler

Bisher hat es in Deutschland keine breite öffentliche Debatte um mögliche Wege der Finanzierung eines verbesserten und erweiterten Bildungsangebots im frühkindlichen Bereich gegeben – vor allem, weil keinerlei Einigkeit darüber bestand, ob überhaupt eine umfangreiche Erweiterung in diesem Sektor notwendig sei. Inzwischen ist jedoch die Frage des Ob überhaupt zunehmend zugunsten eines Ja geklärt – so auch in diesem Weißbuch.

Nunmehr treten Fragen des „Wie" in den Vordergrund. Diese beziehen sich zum einen auf inhaltliche Fragen, auf Bildungskonzepte, auf Curricula, Standards – Westdeutschland hat einen zwanzigjährigen Rückstand im Hinblick auf gezielte frühkindliche Förderung und Evaluation in diesem Bereich. Von Neuseeland über die USA, Frankreich und Skandinavien reichen die vorbildlichen Theorie- und Praxiserfahrungen, die gegenwärtig in einem nachholenden Kraftakt zumindest teilweise an deutsche Verhältnisse angepasst werden.

Finanzierung aus Steuergeldern oder privat?

Was die möglichen Finanzierungsquellen für diese erweiterten Angebote angeht, so gibt es zunächst grundsätzlich zwei Grundrichtungen: eine Finanzierung vorwiegend aus Steuergeldern oder vorwiegend aus privaten Quellen – sei es aus dem Einkommen der Eltern oder durch Betriebe. Bei genauerer Betrachtung verwischen sich diese scheinbar klaren Konzepte jedoch. Die Vertreter der eher „privaten" oder „privatwirtschaftlichen" Ansätze befürworten nämlich in der Regel Modelle, welche z.B. Betriebskindergärten für Unternehmen steuerlich absetzbar machen und es auch Eltern in Zukunft stärker als bisher erlauben, die Kosten für verschiedene Formen der Kinderbetreuung steuerlich geltend zu machen. Das bedeutet, dass in Deutschland die sogenannten privaten Finanzierungskonzepte in Wirklichkeit eher Modelle der Subsidiarität verkörpern, die den Betrieben oder Eltern mehr eigenen Gestaltungsraum einräumen – nicht aber den Verzicht auf öffentliche Subventionierung – in diesem Fall durch Steuerermäßigungen.

46

Wir möchten im Folgenden zunächst den Versuch machen, die Chancen und Grenzen einer eher privaten Finanzierung im Bereich der frühkindlichen Bildungsförderung darzustellen. Dabei greifen wir auf die Erfahrungen und Einschätzung zurück, die wir im Rahmen des größten bundesweiten privaten Dienstleisters für betriebliche Kinderbetreuungsmodelle gewonnen haben. Aber auch auf unsere genaue Kenntnis der Entwicklung des Tagespflegesektors in verschiedenen Bundesländern.

Dies ist besonders wichtig für die kommenden Jahre, da ja das Tagesbetreuungsausbaugesetz (TAG) stark auf die Tagespflege setzt und in mehreren Bundesländern, insbesondere Flächenstaaten, die Tagespflege inzwischen hohe Priorität genießt. Oft wird dieser Bereich gar nicht ernsthaft in die frühkindliche Bildungsdebatte einbezogen, doch bei einem angestrebten Deckungsgrad von 30% der Bedarfe durch Tagesmütter darf dies nicht vernachlässigt werden – schließlich muss auch in diesem Bereich in Zukunft der Bildungsauftrag erfüllt werden.

Betriebskindertagesstätten und Public-Private Partnership – was ist hier zu erwarten?

Studien wie die von Prognos zeigen: Kinderbetreuungsangebote rechnen sich für Firmen durchaus. Sowohl reguläre Krippen als auch sogenannte Notbetreuungseinrichtungen haben in den letzten 5 Jahren einen kleinen Boom erlebt, der jedoch trotz aller Publizität nur etwa 3% aller Betriebe umfasst. Ist zu erwarten, dass sich dieser Anteil so steigern lässt, dass ein großer Teil des Nachholbedarfs darüber gedeckt werden kann?

Hier ist Ernüchterung geboten. Krass gesagt lässt sich feststellen: Betriebe haben das Feld der Kinderbetreuung bisher nur deswegen und nur dort betreten, wo es keine qualitativ und quantitativ ausreichenden öffentlichen Angebote gibt. Unternehmen bevorzugen grundsätzlich ein gut ausgebautes, flexibles und qualitativ hochwertiges Betreuungsangebot, das es ihnen erlaubt, ihre Mitarbeiter flexibel und entsprechend ihren Arbeitszeiten einzusetzen. Wo ein ausreichendes und umfassendes öffentliches Angebot besteht, werden Betriebe nicht aktiv – es sei denn, in Lückenbereichen, etwa für Früh- und Spätbetreuung oder gar Über-Nacht-Angeboten. Oder durch besonders hochwertige Angebote, z.B. bilinguale Förderung für hochqualifizierte und anspruchsvolle ausländische Mitarbeiter. So sind etwa viele Forschungsinstitute inzwischen Vorreiter im Angebot von Einrichtungen – sie können keine Mitarbeiterfamilien aus dem Ausland gewinnen, wenn es keine geeignete Betreuung gibt, die den hohen Ansprüchen dieser Eltern genügt. Auch internationale Behörden wie das europäische Patentamt in München oder die Europäische Zentralbank haben höchst umfangreiche hochwertige Betreuungsangebote für ihre Mitarbeiterfamilien geschaffen – auch sie könnten die notwendigen Mitarbeiter ohne diese Infrastruktur nicht an den Standort Deutschland locken. Eine EZB könnte ohne Kinderbetreuungsangebote nicht am Standort Frankfurt angesiedelt werden.

Wo Firmen Betreuung anbieten, werden aufgrund der hohen Kosten bisher de facto meist eher höher qualifizierte Mitarbeiter angesprochen – sei es in den Elterninitiativen der Hypovereinsbank, bei der Commerzbank in Frankfurt. Lediglich die sehr begrenzten Angebote der Bundesbahn und neuerdings bei IKEA zielen aktiv auf die Einbindung von Geringverdienern. Auch hier lässt sich durchaus eine positive Kosten-Nutzen-Rechnung aufstellen, denn auch im Geringverdienerbereich lassen sich durch Einrichtungen hohe Kostenersparnisse erzielen; doch auf dem gegenwärtigen Arbeitsmarkt und bei der schwierigen Ertragslage vieler Betriebe wird dies nicht mit Vorrang bedacht.

Die Frage, ob Betriebe sich in diesem Bereich in Zukunft stärker engagieren werden, hängt vor allem davon ob, wie die Kommunen die Förderkonzepte anlegen und ob sie geschickte Verhandlungspartner der Betriebe werden. Landesgesetze können ebenfalls einen erheblichen Einfluss auf die Investitionsbereitschaft von Betrieben haben.

Sollte tatsächlich ein Ausbau durch die öffentliche Hand so erfolgen, dass die realen Bedarfe durch Erwerbstätigkeit in vollem Umfang – d.h. im Krippenbereich je nach Region etwa 10 bis 30 Prozent der Kinder unter drei Jahren – abgedeckt sind, ist mit einer sehr eingeschränkten Finanzierungsbereitschaft durch Betriebe zu rechnen. Auch heute bestehende Angebote werden dann teilweise von den Firmen an die öffentliche Hand rückübertragen oder geschlossen werden. Etliche Traditionskrippen, wie etwa die von Schering in Berlin oder auch die Krippen von Bayer Leverkusen, wurden in den letzten Jahren an öffentlich finanzierte Träger verkauft.

In Hamburg wurde mit der sogenannten Kita-Card ein System eingeführt, das Eltern mit Gutscheinen ausstattet und den Wettbewerb unter den Trägern intensiviert. Dieses System setzt erstmals auch tatsächlich erwerbstätige Eltern von Kindern unter drei Jahren in die Lage, öffentlich finanzierte Plätze nachzufragen – ihre Ansprüche haben nunmehr hohe Priorität. (Bisher waren es oft eher soziale schwache Familien, die mit Krippenplätzen ausgestattet wurden). Dieses System bedeutet zwar, dass die private Entscheidung der Eltern für den Träger wichtiger wird. Es bedeutet aber nicht, dass eine gezielte Kofinanzierung mit Betrieben dadurch erleichtert würde.

In München besteht demgegenüber seit Jahren ein Konzept der Förderung betrieblicher Elterninitiativen – hier stellen Betriebe ein Drittel der Kosten, oft als Sachkosten, Eltern ein Weiteres und der letzte Teil liegt bei der öffentlichen

Hand. Angesichts der extrem hohen Kosten von etwa 1.500 Euro für einen Krippenplatz ist dies eine große Entlastung für die öffentlichen Hände.

Es ist den Kommunen dringend anzuraten, solche Kofinanzierungen intensiv weiterzuentwickeln – wobei der betriebliche Anteil oder der Elternanteil auch niedriger liegen kann. Jede Entlastung der öffentlichen Hand ist angesichts der großen Aufgaben sinnvoll.

Mehr Betriebe für Investitionen in Kindertagesbetreuung zu gewinnen, wird auch über den leichteren oder überhaupt einen Zugang zur kommunalen Förderung erfolgen müssen. Denn die Regel ist bislang, dass wenn überhaupt Plätze für Mitarbeiterkinder gefördert werden, dies meist beschränkt ist auf Landesmittel (meist um die 5-10 % der laufenden Kosten). In die umfassendere Regelförderung der Kommunen (von z.b. 40% der Vollkosten) kommen Betriebe nur in wenigen Ausnahmen. Das derzeitig verstopfte Nadelöhr zur Förderung auch durch die Kommune ist die Aufnahme der Mitarbeiterplätze in die öffentliche Bedarfsplanung, die starken politischen Setzungen unterliegt. Es ist nicht einzusehen, warum Plätze, die Betriebe mitfinanzieren, per se keine oder so viel geringer kommunale Förderung erhalten als die Plätze anderer Träger. Hier werden mehr Kommunen zukünftig die Betriebe weniger als Bittsteller abtun denn als Partner für mehr Plätze umwerben, besonders für die unter 3jährigen Kinder.

Ein weiteres Nadelöhr, das regional beeinflussbar ist und sich auf die Beteiligung von Firmen deutlich auswirkt, ist das sogenannte „Gastkinderproblem". Häufig schon haben Firmen versucht, gemeinsam Kindertagesstätten einzurichten und sich an der Finanzierung mit den Kommunen zu beteiligen. Doch fast ebenso oft, verweigern die Herkunftsgemeinden der Kinder eine Beteiligung an diesen Kosten, besonders für Kinder unter drei Jahren. Hier sind exemplarische oder gesetzliche Lösungen auf Landesebene und auch Länder übergreifend dringend geboten. Im Raum Mannheim/Heidelberg etwa, wo die Wohnorte von Eltern in Baden-Württemberg, Rheinland-Pfalz und Hessen liegen können, war dies bisher oft ein unüberwindlicher Stolperstein.

Betriebsangebote sind gesellschaftlich vorteilhaft: Spezialbedarfe lassen sich decken, wie Früh-Spät- und lückenlose Öffnung in den Ferienzeiten. Dies stärkt die Position des Arbeitgeber und wirkt sich unmittelbar auf die Leistungsfähigkeit der Mitarbeiter. Fast jedes und umso mehr hoch qualitative Angebote stärken das Image der Firma und binden den Arbeitgeber an den Standort, dessen Attraktivität sie unmittelbar erhöhen.

Auch Alternativen zur freiwilligen und damit oft doch nicht erfolgenden Beteiligung von Arbeitgebern lassen sich denken. Im französischen Modell der Familienkasse zahlen auch die Arbeitgeber ein und sind so beständig an der Finanzierung der Infrastruktur beteiligt. Trotz des guten Funktionierens dieses Modells in Frankreich und seiner Befürwortung durch namhafte Wissenschaftler in Deutschland ist es wenig wahrscheinlich, dass die Systeme derart umgebrochen werden – die Unternehmensbelastung würde dadurch gesteigert und das gilt im Moment als kontraproduktiv.

Finanziert wird Betreuung jenseits der Diskussionen um Kindertagesstätten nicht zuletzt durch die Eltern. Solange das öffentliche Angebot die Bedarfe nicht deckt, werden private Lösungen in Tagespflege oder durch eine Kinderfrau, die ins Haus kommt, arrangiert. Die mangelnde Absetzbarkeit diese Betreuungskosten geht vorbei an den Zwängen erwerbstätiger Mütter und Väter und verspielt auch arbeitsmarktpolitisch eine Chance. Denn so werden diese Betreuungsverhältnisse kaum legalisiert. Dass diese elterlichen "Betriebskosten" zur Ermöglichung der Erwerbstätigkeit praktisch nicht steuermindernd wirken, ist auch daher nicht einsichtig, als dass Kinderbetreuungskosten durch den Arbeitgeber weitgehend absetzbar sind.

Die im Prinzip sinnvolle Belebung der privaten Betreuungsmärkte durch steuerliche Anerkennung muss aber begleitet sein vom Ausbau der Bildungsangebote und Supervision in der Tagspflege. Öffentliches Geld und steuerliche Erleichterungen ist hier nötig. Angebot wie der Familienservice entlasten die öffentlichen Kassen, weil hier Qualitätssicherung durch Firmengeld erfolgt.

Das Problemfeld Kinderfrau stellt sich noch anders: Es ist die teuerste Betreuungsform, in der Bildung über die Instruktionen der Eltern hinaus überhaupt nicht gesichert wird. Diese Betreuung ist in noch privaterem Halbdunkeln, da sie ausschließlich für die Kinder einer Familie und nie öffentlich kofinanziert wird. Die Nachteile treffen die Kinder hochqualifizierter, hochflexibler Eltern, die in zusätzliche Systeme von Nachhilfe bis zur Sprachreise investieren (können) und – wie PISA zeigt – durch den elterlichen Bildungskosmos allein dieses Defizit (teil-)kompensieren. Auch für die Betreuung durch Kinderfrauen schafft der Familienservice über Bildungsangebote an die Betreuerinnen eine Qualitätssteigerung über Firmenmittel, aber zäher, denn im Markt verteuert die Qualifikation der Kinderfrau ihre Preise empfindlich.

Diese Kinderbetreuungsformen werden noch lange weiter bestehen: Die Tagespflege, weil sie gezielt ausgebaut wird, die Kinderfrau, weil sie bei mehreren Kindern einer Familie und umfassenden Bedarfen doppelt berufstätige Eltern stärker entlastet. Modell zur Koppelung von Steuerentlastung und Qualitätssicherung wären: Die Qualifizierung und die Attraktivität des Berufs Tagesmutter werden öffentlich ausgebaut und die Betreuungskosten erheblich absetzbar. Wer öffentliche Beteiligung über Steuerentlastung für seine Kinderfrau will, muss eine Frau mit Kursnachweis beschäftigen – zum Beispiel.

Die Bildungsdiskussion nach PISA fokussiert sich auf die Verbesserung der Betreuung durch pädagogische Fachkräfte und deren Gewinnung für das Ziel Bildung überhaupt. Die privaten Betreuungslösungen und ihre Chancen aber muss der Staat überhaupt mehr beachten, über Tagesmütter und Kinderfrauen hinaus auch die Au-pairs und die Babysitter. Optimierung heißt dabei Laien, also Nichtpädagogen, in die Geheimnisse bildungsbezogener Betreuung einzuweihen. Die nötigen staatlich unterstützten Bemühungen stehen in zwei Punkten sehr nah an den Ansätzen zur Stärkung der Elternkompetenz: Erstens ist die Didaktik ähnlich – Verständlichkeit und Handlungsorientierung ein Muss – und zweitens ist – anders als bei Kindertagesstätten – mit Reglementierung kaum eine Beteiligung zu erreichen. Die Aktivitäten für Eltern könnten optimiert und ausgeweitet werden auf private Betreuerinnen: Hochwertige Kurse, umsetzbare Informationen, immer zugängliche Internetportale zur Betreuung von Kindern würden allen nützen können, die – nicht nur ihre eigenen – Kinder betreuen. Das ist sicher ein Nebenschauplatz, aber ein bespielbarer.

Der Kernbildungsauftrag jedenfalls muss öffentlich finanziert sein. Vom Gesamtvolumen wird auch bei guter Unterstützung nicht mehr als 5-10% von Firmen kommen. Bei Bildungsforschern herrscht Einigkeit, dass die Investition in die Anfänge lohnt: Eher sollte die frühkindliche Bildung umsonst sein und die Universitäten über Studiengebühren mitfinanziert werden. Im Moment ist es umgekehrt. Tatsache ist: Wenn frühe Betreuung und Bildung teuer ist, kann sie gut sein – Kinder von Geringverdienern werden aber ausgegrenzt. Schon jetzt sind in Deutschland primär die Kinder von Gutverdienern in den Krippen, weil es für andere sich „nicht lohne" zu arbeiten. In den USA und ähnlich auch in Großbritannien herrscht diese Situation in ihrer überspitzten Variante: Der Markt kennt viele Angebote, sehr gut und sehr schlechte, die eher teuer sind und substantiell auch hohe Einkommen belasten. Die große soziale Spaltung dieser Gesellschaften zeigt sich auch in der Betreuung: Die guten Angebote sind teuer, was schlechte Bildung für die Unterschichten bedeutet.

In Schweden dagegen sind die Bildungsnachteile für die Unterschichten weitgehend verschwunden in der Schule, ein Resultat guter früher Bildung. Frankreich hat eine Bedarfsdeckung von 20% für Krippen geschaffen und deckt die zusätzlich benötigten Plätze über qualitätsgesicherte Tagespflege ab. Die Nutzung dieser Systeme ist steuerbegünstigt. Kindergeld und Familiengeld unterstützt Familien mit mehreren Kindern und Geringverdienern. Das Resultat: Die Hochqualifizierten arbeiten, deren Kinder werden gut gefördert. Geringverdiener bleiben oft daheim, Mütter mit vielen Kinder auch. Das System ist populär, enthält aber auch Bildungsrisiken für die Unterschicht.

Das skandinavische Modell ist bildungsmäßig überlegend und führend, ist aber tendenziell wohl nur übertragbar auf Hochsteuerländer. Deutschland orientiert sich gegenwärtig unterschwellig eher nach Frankreich, bei einer konservativen Regierung wird sich dies verstärken. Das Modell Frankreich mit seiner starken Frühforderung für alle Kinder ab der ecole maternelle wäre kein schlechter

Kompromiss: Krippen und Tagespflege ausbauen und auch die Qualität der Tagespflege optimieren. Statt der unternehmensbelastenden Familienkasse wäre aber in Deutschland in der Finanzierung die freiwillige Arbeitgeberbeteiligung, in Form vor allem von lokalen Public-Private-Partnerships, auszubauen und politisch mit weniger Unmut und zur Entfaltung bunter Kräfte umzusetzen.

Modelle, die wie das französische, die frühe Erwerbstätigkeit vor allem der höher qualifizierenden Mütter unterstützen, sind populär und sorgen dafür, dass wichtige Arbeitspotenziale nicht verloren gehen. Wenn allerdings die Kinder von bildungsfernen Schichten weniger Zugang zu früher Bildungsförderung haben, so bedeutet dies auch, dass sich die Marginalisierung dieser Gruppen verstärken kann. Frankreich und Skandinavien unterscheiden sich vom angelsächsischen Weg durch eine universell zugängliche, staatlich hoch subventionierte, für die Eltern kostengünstige Bildungsförderung.

Wenn Deutschland berücksichtigt, dass unsere Migrantenkinder gegenwärtig stark benachteiligt sind und zunehmend Kinder auch aus deutschen Familien keinen Schulabschluss schaffen, weil die familiäre Unterstützung fehlt, so kann für die Zukunft nur eines gelten: Intensive Bildungsangebote für Kinder aller Schichten, auch wenn die Eltern nicht erwerbstätig sind. Ansonsten ist die wirtschaftliche Zukunft des Landes durch eine zu gering qualifizierte Bevölkerung akut bedroht. Bereits heute haben wir es mit sinkender Bildungsbereitschaft vieler Menschen zu tun, da bekanntlich die jungen Akademiker ca. zur Hälfte kinderlos bleiben. Diese negative Bildungsspirale lässt sich nur mit öffentlichen Investitionen, gekoppelt mit intelligenter betrieblicher Beteiligung, aufhalten oder umdrehen.

2. Kapitel: Zukunftsgarant Schule

Deutschlands Schulen müssen Spitze werden!

Grietje Bettin / Florian Bernstorff

Zukunftsgarant – das müssen Deutschlands Schulen erst noch werden. Zehn Prozent aller Schülerinnen und Schüler verlassen das allgemein bildende Schulsystem ohne Abschluss. Vier von zehn der Jugendlichen in unserem Land beherrschen die elementaren Kulturtechniken des Lesens und Schreibens nicht.

Dies ist aber keine Lehrerschelte. Der Teufel steckt im System und vor allem dies und die zu vermittelnden Inhalte müssen in Deutschland von Grund auf erneuert werden. Darin sind sich spätestens nach PISA eigentlich alle einig.

Jenseits der Strukturdebatte: Ziele zählen!

Die öffentliche Debatte jedoch erweckt einen gegenteiligen Anschein. Sie reduziert sich, vor allem in Wahlkämpfen, im Wesentlichen auf die Schulstrukturen, und konzentriert sich hier vor allem auf die Frage: Sollen die Schülerinnen und Schüler in der Sekundarstufe I wie bisher in einem gegliederten Schulsystem lernen oder künftig gemeinsam in einer „Schule für alle Kinder"? Von einem neuen Kulturkampf ist die Rede, der Graben scheint breit, tief und unüberwindlich.

Dabei werden wesentliche inhaltliche Aspekte der Reformdiskussion außer Acht gelassen, in denen zum Teil sogar große Übereinstimmung zwischen den wissenschaftlichen und politischen Akteuren herrscht. Zunächst in der Analyse:

1. In Deutschlands Bildungssystem zählt weniger Leistung, Leistungsfähigkeit und Leistungswille, sonder vielmehr die soziale Herkunft der Lernenden.
2. Das deutsche Bildungssystem bringt, sowohl in der Breite als auch in der Spitze, unterdurchschnittliche Ergebnisse. Es mangelt an individueller Förderung.
3. In Deutschland wird zu spät mit dem Lernen begonnen.
4. Das deutsche Bildungssystem ist inputorientiert und auf die Erfüllung vorgegebener Lehrpläne ausgerichtet. Nötig hingegen wäre eine Outputorientierung: Jede einzelne Schule müsste sich daran messen lassen, wie gut sie ihre Schülerinnen und Schüler auf das Leben vorbereitet. Dafür müssten ihr Lernformen und Lerninhalte weitgehend freigestellt werden.
5. Das deutsche Bildungswesen ist notorisch unterfinanziert.

Folgen für die Schule

Aus dieser weitgehend von allen Akteuren geteilten Analyse ergeben sich zwingende Ziele, die es zu erreichen gilt:
Schule braucht eine klare echte Leistungsorientierung. Das heißt, die soziale Herkunft darf beim Schulerfolg des Individuums keine Rolle spielen. Das heißt ebenso, Schule muss sich die Vermittlung von Leistungswillen und Leistungsfähigkeit für jede und jeden einzelnen ihrer Schützlinge auf die Fahnen schreiben. Das heißt zum Dritten, jede einzelne Schule muss künftig mehr Gestaltungsfreiheit erlangen, die dafür notwendigen Ressourcen erhalten, sich dann aber auch der regelmäßigen Bewertung ihrer eigenen Leistung stellen und sich nicht mehr auf die Erfüllung staatlicher Detailregelungen zurückziehen.

Auch in den zu ergreifenden Maßnahmen gibt es zwar unterschiedliche Auffassungen im Detail, aber nicht in der groben Richtung:

1. Das System der Lehrplanerfüllung muss durch ein Evaluierungssystem anhand allgemeiner Bildungsstandards ersetzt werden. Schulen brauchen mehr Eigenständigkeit und mehr Verantwortung für die Gestaltung von Lernumgebung und Schulalltag.
2. Die frühkindliche Bildung muss systematisch in den Kindertagesstätten gestärkt werden.
3. Ganztagesangebote sollten zumindest flächendeckend, wenn nicht sogar generell an allen Schulen, insbesondere auch an der Sekundarstufe I eingeführt werden. Sie sollen dazu beitragen, den Lernerfolg des einzelnen von seiner sozialen Herkunft unabhängiger werden zu lassen.
4. Die Durchlässigkeit muss auf allen Ebenen des Bildungssystems verbessert werden.
5. Der Bildungsbereich muss von allen Konsolidierungsmaßnahmen der öffentlichen Haushalte weitestgehend verschont bleiben. Wo möglich, müssen die Investitionen auch in schulische Bildung noch aufgestockt werden.

Die Ganztagsschule als Voraussetzung

In fast allen diesen Feldern ist die deutsche Bildungspolitik bereits tätig geworden. In nahezu allen Bundesländern sind Programme für Lernen im frühkindlichen Alter, insbesondere für eine intensivere Sprachförderung aufgelegt worden. Qualitäts- und Bildungsstandards werden auf allen Ebenen des Bildungssystems entwickelt und eingeführt. Die Bundesregierung hat ein vier Milliarden Euro schweres „Investitionsprogramm Bildung und Betreuung" aufgelegt, aus dem seit 2003 und noch bis 2007 der quantitative und qualitative Ausbau von Ganztagsschulen finanziert wird.

Der letztgenannte Aspekt Ganztagsschule spielt in der Erneuerung des Bildungssystems eine entscheidende Rolle. In Deutschland hatten unzuverlässige Schulzeiten, die Begrenzung der Schule auf den Vormittag, fehlende Angebote für Frühstück und Mittagessen, die Arbeitsteilung von Schulunterricht und Hausaufgaben (die Mütter (seltener Väter) zu „Hilfslehrerinnen (und -lehrern) der Nation" macht) bislang Tradition. Das unterscheidet uns von den meisten anderen europäischen Staaten.

In fast allen Bundesländern wird derzeit die verlässliche Halbtagsschule in unterschiedlicher Form eingeführt. Sie ist ein erster Schritt in Richtung ganztägiger Öffnung. Wenn Betreuung und Unterricht nicht mehr getrennt sind, kann ein an den Lern-, Spiel-, und Bewegungsbedürfnissen der Kinder und Jugendlichen orientierter (rhythmisierter) Unterricht gestaltet werden.

Ein ganztägiges Angebot fordert pädagogische Innovationen, die Raum für selbständiges, eigenverantwortliches Lernen und Arbeiten im Team ermöglichen. Das richtige Lernklima und erfolgreiche Bildungsprozesse brauchen ein pädagogisches Ganztagskonzept. Reine Betreuungsangeboten ohne pädagogische Qualitätssicherung wie auch eine bloße Verlängerung des Schulvormittags würde die Zielsetzung der Investition in Ganztagsschulen konterkarieren.

Dies erfordert einen neuen Rhythmus in der Schule: Arbeitszeit und -organisation an der Schule werden neu gestaltet. Die Orientierung am 45-Minuten Takt und am Einzelkämpfertum ist unmodern und wird überwunden. In der ganztägig geöffneten Schule finden auch Projekte und Workshops statt, etwa aus Musik, Sport, Handwerk, Wirtschaft, Kunst, neuen Medien oder dem Sozialbereich. Es gibt Hausaufgabenbetreuung, Förderangebote und Arbeitsgemeinschaften. Individuelles Lernen, fächerübergreifendes Lernen und Lernen in Projekten werden ermöglicht, der Vereinzelung vieler Kinder wird entgegengewirkt. Der ohnehin stattfindende Nachmittagsunterricht wird eingebunden.

In der ganztägig geöffneten Schule verändert sich auch ihr Aufgabenspektrum, oder besser: Die Schule wird in die Lage versetzt, die ihr heute schon aus der Gesellschaft erwachsenden Aufgaben bestmöglichst zu bewältigen. Neben dem Unterrichten gewinnen auch Fragen der Persönlichkeitsentwicklung von Jugendlichen mehr an Gewicht – gerade bei denjenigen, deren Eltern und soziales Umfeld aus welchen Gründen auch immer nicht in der Lage sind, Bildungs- und Sozialisationsprozesse ausreichend zu unterstützen.

Vision: Die vernetzte Schule

Deshalb wird Schule als Zukunftsgarant nicht nur ganztägig stattfinden. Sie wird selbstverständlich auch ein Arbeitsplatz für Berufsgruppen sein, die bislang eher selten oder nur nebenamtlich an ihr tätig waren: Psychologinnen und Sozialarbeiter ohnehin, aber auch Quereinsteiger aus Wirtschaft und Handwerk, Gesundheit, Kunst usw., die zeitweilig Lehraufträge übernehmen. Schulen vernetzen sich mit der örtlichen Wirtschaft und bereiten die Schülerinnen und Schüler so bestmöglich auf den beruflichen Alltag und seine Anforderungen vor. Sie bereitet sie aber ebenso intensiv auf den außerberuflichen Alltag und das Leben mit eigenen Kindern vor. Das ist ein Aspekt, der bislang meist außen vor geblieben ist, angesichts der demographischen Entwicklung und der Kinderarmut in Deutschland aber zwingend notwendig erscheint.

Das Problem des Föderalismus

So weit so gut? Mitnichten. Die föderale Struktur der Bundesrepublik, die insbesondere in Form der Kulturhoheit der Bundesländer in der Bildungspolitik ihren Niederschlag findet, setzt einer konsequenten Modernisierung des Schulsystems enge Grenzen.

So ist es zum Beispiel den Ländern überlassen, wie sie den Ganztagesbetrieb in ihren Schulen organisieren. Während in Nordrhein-Westfalen in erster Linie Grundschulen von den Bundesmitteln profitieren, sind es in Hamburg die Gymnasien, deren Nachmittagsangebote ausgebaut werden.

Ebenfalls aus Gründen der föderalen Ordnung ist es dem Bund nicht möglich, im Rahmen des genannten Investitionsprogramms auch Geld für mehr Personal bereitzustellen. Die Verfassung sieht vor, dass der Bund nur unter bestimmten Umständen den Ländern Investitionshilfen gewähren, nicht aber so genannte konsumtive Aufgaben der Länder übernehmen darf. Dazu gehören die Personalkosten. Aufgrund meist leerer Länderkassen führt das dazu, dass die Impulse, die durch das Investitionsprogramm für eine Modernisierung gesetzt wurden, mit mehr Mühe als notwendig in den Ländern aufgenommen werden und nicht überall im gewünschten Maße zum Ausbau der Ganztagsschulen führen.

Hier besteht großer Handlungsbedarf. Der Vorschlag eines Bundesausbildungsrahmengesetzes zeigt hier einen richtigen Weg. Leider wiesen Verhandlungen zur Reform Föderalismus, die im ersten Anlauf im Dezember 2004 gescheitert waren, in die gegenteilige Richtung. Statt dort, wo bundeseinheitliche Regelungen notwendig sind (bei der Anerkennung der Schulabschlüsse, oder bei der Vertretung auf europäischer Ebene) den Bund in die Verantwortung zu nehmen, drohte eine nahezu totale Kompetenzverschiebung zugunsten der Länder.

Man kann nur hoffen, dass die Vernunft im nächsten Anlauf pragmatische Lösungen zwischen den politischen Ebenen erleichtert. Entflechtung von Kompetenzen ist kein Selbstzweck. Vor einer reinen Länderzuständigkeit für den Bildungsbereich ohne die Koordinierungs- und Finanzierungsmöglichkeiten des Bundes kann man nur warnen. Die massiven Unterschiede in der Finanzkraft der Länder würden zu massiven Unterschieden in der Bildungsversorgung führen. Mittelfristig drohen Menschen allein deswegen im Bildungswesen benachteiligt zu werden, weil sie ihren Schulabschluss in einem armen Bundesland gemacht haben.

Lehrerausbildung und Bildungsberatung

Was bleibt sonst zu tun? Unter den zahllosen Antworten auf diese Frage sollen nur zwei herausgegriffen werden, die in der öffentlichen Diskussion bislang eine zu kleine Rolle gespielt haben.

Im Rahmen des Bologna-Prozesses und der flächendeckenden Umstellung nahezu aller Studiengänge auf ein konsekutives Studiensystem ist auch die Ausbildung künftiger Lehrer strukturell und inhaltlich neu auszurichten. Die Integration der zweiten Ausbildungsphase (Referendariat) in das Studium in Form von ständigen studienbegleitenden Praktika ist wünschenswert; Pädagogische und didaktische Inhalte und die Reflexion des eigenen professionellen Handelns sind im Studium sind zu stärken und enger an selbst erfahrene Praxis anzuknüpfen.

Eine zentrale Rolle muss eine umfassende Diagnostik und Bildungsberatung von Anfang an bekommen. In Deutschland ist dieses Thema bislang völlig unterbelichtet. Es reicht bei Weitem nicht aus, wenn wenige Wochen vor dem Ende der Sekundarstufe I der Berufsberater der Arbeitsagentur frontal vor der Klasse stehend einige allgemeine Hinweise zur Berufsfindung erteilt.

Kinder und ihre Eltern sollten von der Primarstufe an eine regelmäßige Rückkopplung über eigene Stärken und Schwächen erhalten, die differenzierter und aussagekräftiger ist als bloße Schulnoten. Dabei kann es nicht allein darum gehen, an „Defiziten zu arbeiten", es geht mindestens ebenso darum, erkannte Stärken herauszustellen und zu fördern. Ein junger Mensch muss in der Schule ein gesundes Selbstbewusstsein von seiner Leistungsfähigkeit bekommen, um sich über seine eigenen Leistungen definieren zu können.

Man könnte hier noch viele Seiten füllen. Es dürfte aber deutlich geworden sein, dass Deutschlands Schulsystem mehr braucht als nur die Debatte über Dreigliedrigkeit oder Gemeinschaftsschule – oder den Mittelweg mit einer Sekundarschule (Integration von Haupt- und Realschule in einer Schulart) und dem Gymnasium, den die Vereinigung der Bayerischen Wirtschaft vorschlägt.[1]

Auf die Schul- und Unterrichtskultur kommt es an!

Die dargestellten Gemeinsamkeiten aller Akteure in Analyse und Zielsetzung von Bildungsreformen zeigen, dass es sich hierbei keinesfalls um eine ideologische Debatte aus der Klamottenkiste der siebziger Jahre handelt. Zugegeben: Die Differenzen, die die Gestaltung der Sekundarstufe I betreffen, sind zwar tief greifend. Bei dem an das skandinavische Modell angelehnte Konzept der Gemeinschaftsschule handelt es sich immerhin um eine völlig andere Schul- und Unterrichtskultur als im gegliederten Schulsystem oder in den Gesamtschulen.

Dennoch geht es um nichts anderes als um eine Meinungsverschiedenheit darüber, welcher Weg zu ein und demselben Ziel führt: Ein qualitativ hochwertiges Schulsystem – auch in der Sekundarstufe I –, das die individuellen Leistungspotenziale eines und einer jeden Einzelnen optimal weckt und fördert, zu einem Leben in einer demokratischen Gesellschaft befähigt und der Entfaltung der je eigenen Persönlichkeit breiten Raum gibt.

---

[1] In der Studie „Bildung neu denken! Das Zukunftsprojekt" (hrsg. von der vbw – Vereinigung der Bayerischen Wirtschaft): Leske+Budrich, Opladen 2003, wird u. a. die Einführung eines zweigliedrigen Schulsystems empfohlen, bestehend aus der Sekundarschule (kombinierter Haupt- und Realschule) und dem Gymnasium.

Zu geringe Bildungsrenditen durch zu niedrige und falsche Investitionen

Stefan Sell

Humankapital ist das Wort des Jahrhunderts

Die Bildungsökonomen befassen sich mit dem „Humankapital" – und sind allein schon aufgrund dieser Begrifflichkeit zahlreichen Anfeindungen bzw. sehr großer Skepsis ausgesetzt. So wurde „Humankapital" zum „Unwort des Jahres 2004" bestimmt mit der Begründung, der Begriff „degradiert Menschen zu nur noch ökonomisch interessanten Größen" (vgl. www.unwortdesjahres.org).

Nun mag man zu Recht einen rein funktionalistischen Zugriff auf Arbeitskräfte und auch eine durchschaubare Instrumentalisierung von Bildungspolitik für ausschließlich kurzfristige ökonomische Interessen beklagen und kritisieren – mit dem Begriff „Humankapital" wird allerdings grundsätzlich eine ganz andere Zielsetzung verfolgt. Es geht dabei vor allem um die Wertseite der menschlichen Arbeitskraft.[1] Insofern war und ist der Begriff eher als ein „fortschrittlicher" Terminus zu würdigen. Und was ist falsch daran, wenn man beispielsweise für Deutschland zu Recht diagnostiziert, dass das Humankapital unsere einzige wirkliche „Ressource" ist, die es zu entwickeln und pflegen gilt? Hieran im Sinne einer unterstellten Unterwerfung der Bildung unter die Anforderungen des Marktes Anstoß zu nehmen, muss man sich wohl „leisten" können.

Wie aber entwickelt und pflegt man Humankapital? Diese Fragestellung verweist auf die Höhe und Struktur der vorgelagerten (und auch begleitenden) Investitionen in Bildung als wesentlicher Träger des Humankapitals.

- Es sei an dieser Stelle nur darauf hingewiesen, dass die Realität der Nutzung oder eben auch Nicht-Nutzung des Humankapitals komplex ausgestaltet ist. So setzt sich die individuelle Leistungsfähigkeit zusammen aus einer

---

[1] Es sei an dieser Stelle nur darauf hingewiesen, dass bereits Adam Smith (1776) als Urvater der modernen Wirtschaftswissenschaft einen gebildeten Mann mit einer teuren Maschine verglich und sich der Vorteile von Ausbildung bewusst war. Eigenständige Ansätze innerhalb der Wirtschaftswissenschaft entwickelten sich allerdings erst in den 1960er Jahren. Schultz (1961) beschrieb Bildung nicht als Konsumgut sondern als eine Investition zum Erwerb von Humankapital, welches vergleichbar mit Sachkapital ist. Weitere Arbeiten von Becker (1964) und Mincer (1974) erweiterten die Humankapitaltheorie und gründeten somit den Zweig der Bildungsökonomie.

multiplikativen Verknüpfung von „Können", „Wollen" und auch „Dürfen". Erst die richtige Mischung eröffnet die Potenziale des Humankapitals. Man kann übrigens alle drei Komponenten auch hervorragend heranziehen zur Bewertung der Ausgestaltung von schulischen Lernumgebungen.

Und wenn man üblicherweise etwas investiert, dann fragt man sich natürlich im Regelfall auch, was bringt mir das? Was bringt die Investition dem Einzelnen, einer Gruppe oder der Gesellschaft? Die Frage ist also: Welche Rendite wirft die Investition ab, wobei es hier natürlich nicht nur um betriebswirtschaftliche Renditen im engeren Sinne geht, sondern vielmehr um die personalen Renditen derjenigen, die sich bilden sowie der gesellschaftlichen Renditen, wobei der letzte Punkt gerade im Bereich der schulischen Bildung von großer Bedeutung ist, da die Investitionen im Regelfall eben nicht von denjenigen finanziert werden müssen, die sie in Anspruch nehmen. Im Idealfall können Renditen die Frage beantworten, ob man „zu wenig", „genug" oder vielleicht auch „zu viel" investiert und beim wem was wie ankommt.

Die aktuelle „doppelte" Verengung der Argumentation mit Bildungsrenditen

Betrachtet man die gegenwärtige bildungspolitische Diskussion, dann lassen sich zwei durchaus problematische Verengungen hinsichtlich der Nutzung des Begriffs „Bildungsrendite" erkennen: Zum einen wird der Begriff vor allem im Kontext der Kosten und Nutzen einer Hochschulausbildung verwendet und dies primär im Zusammenhang mit der umstrittenen Frage, ob auch in Deutschland Studiengebühren eingeführt werden sollen. Zum anderen wird die konkrete Renditeberechnung reduziert auf die Frage tatsächlicher oder potenzieller Einkommensunterschiede, dies natürlich auch und gerade deshalb, weil Einkommen relativ gut operationalisiert werden kann. Diese Form der Bildungsrendite stellt also ab auf die Kosten-Nutzen-Relation für ein Individuum.

- **Bildungsrendite.** Bildungsökonomen berechnen den finanziellen Wert eines Studiums: Das Ergebnis ist die so genannte Bildungsrendite. Diese Prozentzahl spiegelt die effektive Verzinsung des Einkommens wieder, das einem Hochschüler während seines Studiums entgangen ist. Die Rendite wird unter anderem aus dem späteren Einkommen, dem Arbeitslosigkeitsrisiko und etwaiger Studiengebühren berechnet. In der Bundesrepublik ist die Bildungsrendite demnach vergleichsweise niedrig: Nach Angaben der O-ECD liegt sie hierzulande gegenwärtig bei 9,1 Prozent. In den USA gibt es

dagegen 14,9 Prozent und in Großbritannien gar 18,5 Prozent Bildungsrendite. Grund für den größeren Gewinn sind die im Vergleich zu Deutschland
viel höheren Einkommensunterschiede zwischen Nichtakademikern und
Hochschulabsolventen. Zugleich sind an den Hochschulen in Übersee und
Großbritannien die Studienzeiten kürzer und die Studienbedingungen weit
komfortabler, so dass weniger Verdienstzeit und damit Einkommen verloren geht. Die höheren Bildungsrenditen ergeben sich trotz der Tatsache,
dass gerade in den angelsächsischen Ländern der Hochschulbesuch nur gegen teilweise sehr hohe Gebühren möglich ist. Würde man nun in Deutschland Studiengebühren einführen, dann würde dies nur in einem ersten
Schritt die Bildungsrendite verringern, da sich ja die Kosten erhöhen. Wenn
damit ein schnelleres und auch ein wirkungsvolleres Studium verbunden
sein sollte, dann würde allerdings auch die Ertragsseite deutlich steigen.

Das Verhältnis der Investitionskosten zu den Erträgen spiegelt sich in den privaten Bildungsrenditen wider. Doch Bildung führt nicht nur zu Vorteilen für die
Person, welche Bildung erwirbt, sondern auch für die Gesellschaft, in der sie
lebt. Und genau diese gesellschaftlichen Erträge von Bildung sind für eine systematische Bildungsdiskussion vor allem hinsichtlich der Frage, wer was und
wie viel finanzieren soll, von besonderer Bedeutung – denn vereinfacht gesagt:
Je höher die gesellschaftlichen Erträge (und damit auch Vorteile), die sich aus
einer spezifischen Bildungsinvestition ergeben, desto höher sollte auch der Anteil an öffentlichen Mitteln sein, der dafür bereitzustellen ist.

Direkte Vorteile von Bildung für eine Gesellschaft sind z.B. ein steigendes
Steueraufkommen durch höhere Löhne von gebildeten Arbeitern und geringere
Sozialausgaben, da gebildete Personen seltener und kürzer arbeitslos sind. Um
die sozialen Bildungsrenditen zu errechnen, werden die monetären Erträge von
Bildung für die Gesellschaft mit den Kosten wie Steuerausfälle während der
Ausbildung und deren Subventionskosten durch den Staat verglichen. Weitere
nicht-monetäre Folgen sind eine geringe Kriminalität und ein höheres Verant-
wortungsbewusstsein von Bürgern für die eigene Gesundheit, für ihre Kinder
und das Allgemeinwohl. Allerdings sind diese Erträge kaum in den Renditen zu
erfassen. Die meisten Berechnungen der sozialen Renditen beschränken sich
daher auf die direkten Kosten und Erträge der Bildung für die Volkswirtschaft
und blenden die externen Effekte aus (vgl. auch Ammermüller/Dohmen 2004 für
eine umfassende Darstellung der Bildungsrenditen).

Die doppelte Seite der Bildungsrenditen: Private und soziale Erträge von Dildung

Es gibt eine lange Traditionslinie bildungsökonomischer Theorie und Empirie (vgl. aus der umfangreichen Literatur nur beispielhaft Weiß 2000 und Maier 1994 sowie Wolter 2002), die sich mit der Frage auseinandersetzt, welche Erträge schulische Bildung generiert. Eine konkrete Operationalisierung leistet dieser Ansatz mit der Berechnung von „Bildungsrenditen" (vgl. hierzu mit Bezug auf die Positionierung des deutschen Bildungssystems die Ausführungen bei Plünnecke 2003: 6 ff.). Hier besonders relevant ist der im Begriff der „Bildungsrendite" erkennbare Ansatz einer Wahrnehmung des investiven Charakters der Bildungsausgaben, die leider in der öffentlichen und gerade auch in der haushaltspolitischen Debatte rein von der Ausgabenseite her betrachtet werden, in der offiziellen Statistik sogar als „konsumtive" Ausgaben, womit eine enorme Fehllenkung der Bewertung dieser Ausgaben verbunden sein kann.

Eine Gesamtdarstellung der Erträge aus schulischer Bildung darf sich aber nicht nur auf individuelle, monetär bestimmbare Effekte wie z.B. höhere Einkommen beschränken. Im bildungsökonomischen Diskurs hat sich eine Differenzierung in (faktisch natürlich miteinander verwobene) interne und externe Erträge durchgesetzt. Ein grundsätzliches Problem jeder wissenschaftlich fundierten Bestimmung von Bildungserträgen ist natürlich die Frage nach der Kausalität, da im Regelfall die gemessenen oder beobachteten Erträge nicht vollständig bildungsinduziert sind (vgl. zum komplexen Forschungsstand über die Kausalitätsfrage Jochmann/Pohlmeier 2004).

Abbildung 1: Zur Systematik der Bildungserträge

Bildungserträge			
Interne Erträge		*Externe Erträge*	
Beschäftigungsbezogene Erträge	Außerberufliche Erträge	Beschäftigungsbezogene Erträge	Gesellschaftliche Erträge
Direkte und indirekte monetäre Erträge: • Bildungsspezifische Einkommensunterschiede • Optionserträge • intergenerationale Erträge • indirekte monetäre Erträge für die Eltern durch die Betreuungsfunktion der Schulen Nichtmonetäre Options- und Schutzerträge: • größere berufliche Wahlmöglichkeiten; Berufe mit höherem Prestige; größere Autonomie und Möglichkeiten der Selbstverwirklichung • geringeres Arbeitslosigkeitsrisiko • höhere Weiterbildungs- und Aufstiegschancen	• niedrigeres Krankheitsrisiko • höhere Lebenserwartung • effizienteres Konsumverhalten und Haushaltsmanagement • Entstehung „langlebiger Konsumgüter" mit nutzenstiftenden Effekten (z.B. Fremdsprachenkenntnisse oder die Beherrschung eines Musikinstruments) • intergenerationale Erträge (z.B. positive Auswirkungen auf die Schulleistungen und den Bildungserfolg der Kinder)	• z.B. niedrigere krankheitsbedingte Fehlzeiten am Arbeitsplatz	Monetäre Erträge: • höhere Wirtschafts- und Steuerkraft • geringere Transferleistungen • vermiedene gesellschaftliche Kosten (z.B. für die Kriminalitätsbekämpfung) Nichtmonetäre Erträge: • größeres politisches und soziales Engagement • größere soziale Kohäsion

Quelle: Darstellung in Anlehnung an die Abbildung bei Avenarius et al. 2003: 243.

Die internen Erträge fließen dem Ausgebildeten selbst bzw. seiner Familie zu, während externe Erträge bei Dritten oder der Gesellschaft insgesamt anfallen. Zu den beschäftigungsbezogenen Erträgen und hierbei vor allem zu den bildungsspezifischen Einkommensunterschieden in Verbindung mit den Optionserträgen und den intergenerationalen Erträgen liegt zwischenzeitlich umfangreiche Forschungsliteratur vor. Schwieriger stellt sich die Lage dar bei den nichtmonetären Options- und Schutzerträgen, bezogen auf das Beschäftigungssystem aufgrund der Monetarisierungsproblematik.

Bei den direkten und indirekten monetären Erträgen lassen sich die bildungsspezifischen Einkommensunterschiede nennen. Es geht hierbei um die höheren Einkommen formal besser qualifizierter Erwerbspersonen.

Tabelle 1: Bildungsspezifische Einkommensunterschiede

Monatliches Bruttoeinkommen in € von vollzeitig beschäftigten Arbeitnehmern in Westdeutschland nach Schulabschluss im Jahr 2000			
Ohne Abschluss	Hauptschulabschluss	Realschulabschluss	Abitur
1.990 €	2.244 €	2.474 €	3.450 €

Hinzu kommen die so genannten Optionserträge. Das Erreichen bestimmter Ausbildungsniveaus eröffnet Chancen, in nächst höhere Ausbildungsstufen aufzusteigen und damit zusätzliche Einkommen zu erzielen.

Tabelle 2: Optionserträge

Monatliches Bruttoeinkommen in € von vollzeitig beschäftigten Arbeitnehmern in West- und Ostdeutschland nach Schulabschluss im Jahr 2000				
Hauptschulabschluss ohne Berufsabschluss	Hauptschulabschluss mit Lehre	Abitur mit Lehre	Abitur mit Fachhochschulabschluss	Abitur mit Universitätsabschluss
1.882 €	2.227 €	2.396 €	3.137 €	3.649 €
	+ 18%	+ 31 %	+ 52%	

Von besonderer Relevanz gerade in Deutschland sind die beobachtbaren intergenerationalen Bildungserträge. Kinder von Eltern mit einem höheren Schulabschluss erhalten deutlich mehr Ausbildung als Kinder von Eltern mit einem niedrigeren Schulabschluss.

Tabelle 3: Intergenerationale Bildungserträge

15-Jährige, deren Eltern nur über einen Hauptschulabschluss verfügen		15-Jährige, deren Eltern mindestens über einen Hochschulabschluss verfügen	
Hauptschule	Gymnasium	Hauptschule	Gymnasium
53%	7%	5%	66%

Hinsichtlich der monetären internen Erträge aus der Betreuungsfunktion der Schulen zeigt sich – gemessen an der Ermöglichung der Erwerbstätigkeit von Müttern – folgendes Bild: Unter der Annahme, dass etwa die Hälfte der heute erwerbstätigen Mütter mit Kindern im Alter zwischen 7 bis 12 Jahren ohne die

Beaufsichtigungsfunktion der Schule ihre Berufstätigkeit nicht ausüben könnten, ergibt sich ein Betrag in Höhe von 18 Mrd. € nur für diese Gruppe der Mütter und unter Berücksichtigung, dass sich dieser Betrag auf den deutschen Regelfall der Halbtagsschule bezieht, der den betroffenen Müttern im wesentlichen nur eine Halbtagstätigkeit ermöglicht, was dann auch noch durch sozial- und steuerrechtliche Regelungen promoviert und stabilisiert wird.

Hinsichtlich der außerberuflichen internen Erträge sei an dieser Stelle nur auf den manifesten Zusammenhang zwischen Bildung und Gesundheit hingewiesen. Eine ausgeprägte Korrelation zwischen dem Bildungsniveau und der Morbidität und der Mortalität ist mittlerweile durch die vorliegende Forschungsevidenz gesichert – und das auch nach statistischer Kontrolle anderer Einflussfaktoren wie z.B. Einkommen. Becker (1998) konnte in einer kontrollierten Wirkungsstudie für Deutschland zeigen, dass es einen eindeutigen Einfluss von Bildung auf das Mortalitätsrisiko gibt: Für Männer reduziert sich mit jedem zusätzlich absolvierten Schuljahr das relative Mortalitätsrisiko um 8,4%, für Frauen sogar um 16%. Da in dieser Studie auch die sozioökonomische Lage kontrolliert wurde, kann man die Werte tatsächlich auch als „Bildungseffekt" interpretieren.

Bei den externen Erträgen wird zu Recht immer wieder darauf hingewiesen, welche Wirkungen (Schul-)Bildung auf das Wirtschaftswachstum entfaltet. Der Sachverständigenrat zur Begutachtung der gesamtwirtschaftlichen Entwicklung fragt in seinem Jahresgutachten 2004/2005 nach dem Effekt einer Erhöhung der durchschnittlichen Schuljahre um ein Jahr. Auf der Basis der vorliegenden Forschungen kommt er zum Ergebnis, dass eine Erhöhung der durchschnittlichen Schuljahre um ein Jahr das Einkommen je erwerbsfähigen Einwohner unmittelbar um 4,5% und langfristig um rund 12,5% erhöht.

Höhere private und soziale Erträge der Schulbildung durch eine andere Schule?

Wie kann man die internen und externen Erträge hinsichtlich des hier relevanten schulischen Bereichs steigern? Einen zentralen Ansatzpunkt bildet die Überführung der in Deutschland dominierenden und im internationalen Vergleich begründungspflichtigen Halbtagsschulen in Ganztagsschulen (vgl. hierzu Sell 2004a). An dieser Stelle seien nur zwei Argumentationsstränge für einen Ausbau der Ganztagsschule hervorgehoben:

- Zum einen wird die Erziehungs- und Sozialisationskompensationsfunktion der Ganztagsschule hervorgehoben. Man mag die Prozesse einer Auflösung familialer Strukturen und Prozesse beklagen und bedauern, aber angesichts der Lebenswirklichkeit und besonders angesichts des offensichtlichen Selektionscharakters des deutschen Bildungssystems erscheint eine korrigierende Ausgestaltung der Schulstrukturen in Richtung auf mehr Ganztägigkeit durchaus begründbar. Systematisch korrekt wäre an dieser Stelle allerdings eine grundsätzliche Debatte über das Spannungsfeld Freiwilligkeit versus Pflicht. Es gibt gute Argumente für eine flächendeckende Implementierung der „echten" Ganztagsschule, gerade auch vor dem Hintergrund der sozial hoch selektiven Effekte bei freiwilliger Ausgestaltung des Angebots.

- Eine sozialökonomisch fundierte Argumentation pro Ganztagsschule kann abgeleitet werden aus der Bezugnahme auf Chancengleichheit als eigenständige und eben auch ökonomisch relevante Kategorie. Die Förderung der Chancengleichheit dient aus volkswirtschaftlicher Sicht vor allem der Risikodiversifikation in dem Sinne, dass ein möglich breites Wissensfundament anzustreben ist, um die Risiken einer gesellschaftlichen Fehlentwicklung möglichst niedrig zu halten. Daraus resultiert die Förderung nach möglichst vielfältigen Bildungsangeboten (vor allem auch der Aspekt der Durchlässigkeit dieser Angebote) sowie eine möglichst frühzeitige und dann intensive Förderung, um alle Bildungspotenziale auszuschöpfen. Aber: Ein zentrales Problem der Förderung von Chancengleichheit im deutschen Bildungssystem heute ist Zeitmangel. Im gegebenem System lassen sich zwei Selektionseffekte diagnostizieren: Zum einen hinsichtlich der Lerninhalte. Faktisch kommt es angesichts des engen Zeitkorsetts in Verbindung mit einer fortschreitenden curricularen Aufladung zu einer Privatisierung durch Externalisierung in die Familien (z.B. in Form der Hausaufgaben oder der Nachhilfe).[2] Der zweite Selektionseffekt durch den Zeitmangel bezieht sich auf den Bereich Erziehung und Sozialisation und manifestiert sich in diversen Formen der Unter- und Fehlsozialisation der Kinder und Jugendlichen, die sich selbst überlassen bleiben. Hier liegt eine der wichtigsten Quellen für später im Gesamtsystem anfallende enorme Kosten, z.B. im Jugendhilfebereich oder bei den Reparaturkosten im Ausbildungssystem.

Eine solche Systemtransformation kann natürlich nicht aufwandsneutral durchgeführt werden und insofern ist an dieser Stelle eine eindeutige Unterfinanzierung zu konstatieren. Hier wird (noch) zu wenig ausgegeben. Hinzu kommt aber ein weiterer Bereich der Unterfinanzierung, der mit einer neuen Bildungsarchitektur zu beseitigen wäre. Gemeint ist hier eine bewusste Schwerpunktsetzung des Einsatzes der knappen öffentlichen Mittel auf den vorschulischen Bereich

---

[2] Folgeauswertungen aus der Pisa-Studie haben belegen können, dass Ganztagsschulen im internationalen Vergleich zu einer deutlich höheren Lesekompetenz vor allem bei Kindern aus bildungsfernen Familien führen als Halbtagsschulen (Plünnecke 2003: 32).

und die Grundschulen, denn in der frühen Kindheit (also die Alterspanne von 0 bis 10 Jahre) werden nach der neueren übereinstimmenden Forschungsevidenz die größten Effekte erzielt und die sich daraus ergebenden gesellschaftlichen Nutzen rechtfertigen eine Fokussierung der öffentlichen Mittel auf diesen Bereich, während beispielsweise die Nutzen aus einem Hochschulstudium doch sehr stark auch private Ertragskomponenten enthalten, die z.b. Studiengebührenmodelle nahe legen.

Im Prinzip – um die Argumentation zuzuspitzen – müsste auch die gesamte Besoldungshierarchie (die ja auch immer Ausdruck gesellschaftlicher Wertschätzung ist) umgestellt werden und die Lehrkräfte im vor- und grundschulischen Bereich müssten angesichts der von ihnen zu leistenden Grundlegung deutlich besser als die Gymnasiallehrer vergütet werden. Zudem müssten die besten Pädagogen eines Jahrgangs – wie mittlerweile in skandinavischen Ländern schon Realität – in den vor- und grundschulischen Bereich gehen, da hier die Plastizität der Kinder am größten ist und damit auch die Erreichbarkeit z.b. durch didaktische Modelle.

Die neueren Befunde der neurobiologischen Forschung untermauern eindrucksvoll eine zentrale Erkenntnis der Frühpädagogik: Erfahrungen und Lernprozesse hinterlassen im kindlichen Gehirn viel massivere und auch dauerhaftere Spuren als im erwachsenen Gehirn, wo es nur noch zu vergleichsweise geringfügigen Veränderungen im Verlauf von Lernprozessen kommt. Salopp ausgedrückt findet in der frühen Kindheit die „Formatierung der Festplatte" statt und dies – auch darin unterscheiden sich die Erkenntnisse der modernen Hirnforschung nicht von den Konzepten der Frühpädagogen – vor allem durch eine unauflösbare Verknüpfung von Spielen und Lernen (vgl. für eine überzeugende Zusammenfassung der faszinierenden Ansätze einer „Neuropädagogik" den Beitrag von Braun/Meier 2004).

Allerdings – um nicht missverstanden zu werden: Hier wird keinesfalls für eine einfache Verlängerung des derzeitigen Schulalltags in den Nachmittag plädiert, sondern für einen Umbau der Schulen in Richtung „echte" Ganztagsschulen, die sich vor allem durch einen über den Tag rhythmisierten Unterricht im Sinne eines strukturierten Wechsels zwischen Lernen und Freizeit auszeichnen. Dies bedingt eine neue Schulkultur und enorme Anforderungen an die Schulleitung (vgl. hierzu genauer Sell 2005). Nicht zwingend damit verknüpft, aber unter reformorientierten Gesichtspunkten naheliegend als „Doppelpack", ist die Behebung einer weiteren für Deutschland zentralen Schwachstelle des tradierten Bildungssystems: Die stark ausgeprägte soziale Selektivität des dreigliedrigen Schulsystems aufgrund der sehr früh vorgenommenen Selektion der Kinder am Ende der Grundschulzeit.

Neuere Forschungsbefunde können zeigen, dass die Treffgenauigkeit der Prognosen bei der Schullaufbahnempfehlung völlig unzureichend und zudem noch mit einem „sozialen Bias" versehen ist und hier eine der wesentlichen Ursachen für die vielen verkannten und verpassten Begabungs- und Bildungsressourcen zu liegen scheint. Es kann da auch nicht überraschen, dass in der Mehrzahl der meisten erfolgreicheren PISA-Länder mit Gemeinschaftsschulmodellen gearbeitet wird.

In der Studie „Bildung neu denken!" der vbw – Vereinigung der Bayerischen Wirtschaft (2003) wurde von der Expertengruppe dann auch konsequent die Grundlinien eines neuen Schulsystems gezeichnet, dass die hier angesprochenen Defizitbereiche adressiert. Neben der fakultativen Inanspruchnahme der Bildungs- und Betreuungseinrichtungen für die 0- bis 4-Jährigen wird in der Studie eine Verfrühung des Lernens durch eine mögliche Einschulung mit 4 Jahren – abhängig von einer Anamnese der Lernvoraussetzungen – in eine neue, weiterhin wie die heutige Grundschule als Gemeinschaftsschule ausgeformte Primarstufe gefordert, die dann über 6 Jahre läuft bis zum 10. Lebensjahr. Vom 10. bis zum 14. Lebensjahr schließt sich eine Sekundarstufe I an, bei der eine zweistufige Differenzierung zugelassen wird (Gymnasium für mindestens das oberste Leistungsterzil und eine Sekundarschule als kombinierte Haupt- und Realschule). Diskutiert wird die Möglichkeit der Zulassung von Spezialschulen (z.B. bilinguale oder andere Schwerpunktschulen), präferiert werden sollten aber die ebenfalls vorgeschlagenen Enrichment-Angebote innerhalb des Regelschulsystems, die dann in einem breiten Rahmen stattfinden sollten.

Die „Lernphase Kindheit" – also die zehn Jahre vom 4. bis zum 14. Lebensjahr – soll in Form des Ganztagsunterrichts erfolgen von 9 bis 16 Uhr, mit Betreuungsangeboten von 8 bis 18 Uhr und die Schulen sollen für andere Aktivitäten auch abends geöffnet haben. In den Schulferien ist ein entsprechendes Rahmenprogramm sicherzustellen (Sommerschulen und -camps, Ferienfreizeiten usw.).

Fazit

Es wird im schulischen Bereich derzeit *zu wenig* investiert – weil es in Zukunft die Ganztagsschule als Regelschulsystem geben sollte, was natürlich nicht aufwandsneutral zu haben sein wird, vor allem nicht in Form der echten Ganztagsschule. Und es wird gegenwärtig auch *falsch* investiert – weil die „unteren" Bereiche des Bildungssystems, also der vorschulische Raum und die „Lernphase Kindheit" relativ gesehen zu wenig Mittel bekommen bzw. im zentralen Bereich der 0- bis 6-Jährigen trotz der höchsten sozialen Bildungsrenditen (vgl. Sell

2004b) der Anteil der privat finanzierten Ausgaben mit fast 40% auch im internationalen Vergleich extrem groß und zugleich die Qualität der Angebote wie auch der personellen Ausstattung mehr als fragwürdig ist.

Aus der Perspektive der sozialen Bildungsrenditen wie auch der Prägekraft der ersten Bildungsjahre wird hier ausdrücklich dafür plädiert, den Schwerpunkt der Umbauarbeiten auf die vorschulische Bildung und Betreuung und die Primarstufe zu legen, da der „Return on Investment" hier am größten ist.

Literaturverzeichnis

Ammermüller, A. und Dohmen, D. (2004): Individuelle und soziale Erträge von Bildungsinvestitionen, Bundesministerium für Bildung und Forschung: Studien zum deutschen Innovationssystem Nr. 1-2004, Berlin

Avenarius, H. et al. (2003): Bildungsbericht für Deutschland. Erste Befunde, Opladen

Becker, R. (1998): Bildung und Lebenserwartung in Deutschland, in: Zeitschrift für Soziologie, S. 133-150

Braun, A. K. und Meier, M. (2004): Wie Gehirne laufen lernen oder: „Früh übt sich, wer ein Meister werden will!", in: Zeitschrift für Pädagogik, Heft 4, S. 507-520

Jochmann, M. und Pohlmeier, W. (2004): Der Kausaleffekt von Bildungsinvestitionen: Empirische Evidenz für Deutschland, Diskussionspapier Nr. 04/05 der DFG-Forschergruppe: Heterogene Arbeit: Positive und Normative Aspekte der Qualifikationsstruktur der Arbeit, Konstanz

Maier, H. (1994): Bildungsökonomie, Stuttgart

Plünnecke, A. (2003): Bildungsreform in Deutschland. Eine Positionsbestimmung aus bildungsökonomischer Sicht, IW-Positionen Nr. 4, Köln

Pohlmeier, W. (2004): Bildungsrenditen. Vortrag vorbereitet für den BMBF-Workshop „Investition in Humankapital" Bonn, 7. Juni 2004, Konstanz

Sell, S. (2005): Das Management von ganztägigen Bildungs- und Betreuungseinrichtungen – neue Anforderungen an das Leitungspersonal, in: Appel, S.; Rother, U. u. Rutz, G.. (Hrsg.): Jahrbuch Ganztagsschule 2006, Schwalbach

Sell, S. (2004a): Die Ganztagsschule als Instrument oder Voraussetzung der Wissensgesellschaft? Ein Beispiel für die strategischen Dilemmata des deutschen Bildungswesens, in: Haubner, D.; Mezger, E. u. Schwengel, H. (Hrsg.): Wissensgesellschaft, Verteilungskonflikte und strategische Akteure, Marburg, S. 163-194

Sell, S. (2004b): Der volkswirtschaftliche Nutzen der Kinderbetreuung, in: Henry-Huthmacher, Christine (Hrsg.): Jedes Kind zählt. Neue Wege der frühkindlichen Bildung, Erziehung und Betreuung (=Konrad-Adenauer-Stiftung: Zukunftsforum Politik Nr. 58), St. Augustin, S. 52-73

vbw – Vereinigung der Bayerischen Wirtschaft (Hrsg.) (2003): Bildung neu denken! Das Zukunftsprojekt, Bd. I, Opladen

Weiß, M. (Hrsg.) (2000): Bildungsökonomie und neue Steuerung, Frankfurt

Wolter, S. C. (2002): Bildungsökonomie – Eine Standortbestimmung, in: Schweizerische Zeitschrift für Bildungswissenschaften, 2002, S. 149-169

.

Ganztagsschulen und ihre Finanzierung im internationalen Vergleich

Andreas Ammermüller

Ganztagsschulen in Deutschland

Seit den institutionellen Vergleichen mit anderen Schulsystemen in Folge der PISA-Studien wird das Konzept der Ganztagsschule verstärkt als Mittel zur Erhöhung der Effizienz und Gleichheit im Schulsystem diskutiert. Während Schule in den meisten europäischen und anderen OECD-Staaten generell ganztägig ist und daher der Begriff „Ganztagsschule" dort keine Bedeutung hat, ist in deutschsprachigen Ländern noch stets die Halbtagsschule ohne Angebot von Mittagessen und Betreuungsmöglichkeiten der Regelfall. In Deutschland besuchten im Schuljahr 2002/2003 9,6 Prozent der Schüler eine Ganztagsschule, vorwiegend in Gesamtschulen (KMK, 2004). Durch ein erhöhtes Betreuungsangebot an Ganztagsschulen, das sich in Form von Mittagessen, Hausaufgabenbetreuung, spezieller Förderung von Schüler, Sport und anderen Aktivitäten ausdrückt, sollen insbesondere an sozialen Brennpunkten bessere Vorraussetzungen für den Schulerfolg geschaffen werden. Zusammen mit einer erweiterten Beschulung würde dies neben der Effektivität auch die Chancengleichheit im Schulsystem erhöhen. Eine weitere positive Auswirkung ist die Entlastung der Eltern, was besonders für Frauen die Teilnahme am Erwerbsleben erleichtert.

Die Bundesregierung unterstützt die Länder und Kommunen in Form des Investitionsprogramms „Zukunft Bildung und Betreuung" (IZBB) bei der Einrichtung von Ganztagsschulen. Hierfür werden den Ländern Bundesmittel in Höhe von 4 Milliarden Euro in den Jahren 2003 bis 2007 bereitgestellt, die für den Auf- und Ausbau von Ganztagsschulen eingesetzt werden können (BMBF, 2003). Mit den im Zeitraum 2003 bis 2005 beantragten Mitteln von 434 Millionen Euro werden 3030 Schulen gefördert, wovon 46 Prozent Grundschulen sind, gefolgt von Hauptschulen (16 Prozent), Gymnasien (12 Prozent) und allen weiteren Schulformen (KMK, 2004). Bei der Einrichtung von Ganztagsschulen wird in Deutschland bisher lediglich das Betreuungsangebot ausgeweitet, die Unterrichtsstunden indes unterscheiden sich nicht im Vergleich zu Halbtagsschulen. In Deutschland wird zwischen drei Formen der Ganztagsschule unterschieden. In der voll gebundenen Form ist die Teilnahme am ganztägigen Angebot für alle

Schüler verpflichtend und in der teilweise gebundenen Form nur für einen Teil der Schüler. In der offenen Form sind Unterricht und Betreuung klar getrennt und die Teilnahme am nachmittäglichen außerunterrichtlichen Angebot ist freiwillig. Zwar unterstützt IZBB die Länder finanziell beim Ausbau der Ganztagsschulen, jedoch bleibt die weitere Finanzierung der Schulgebäude und des erweiterten Betreuungsangebots im Verantwortungsbereich der Länder und Kommunen. Daher stellt sich die Frage, wie die von allen Seiten gewünschte Ausweitung des Angebots an Ganztagsschulen in Zeiten knapper öffentlicher Kassen auf Dauer finanziert wird. Nach einer Darstellung der geschätzten Kosten und möglicher Finanzierungsarten, werden die Ansätze vergleichbarer Länder bei der Finanzierung von Ganztagsschulen aufgezeigt.

Schätzung der Kosten und Finanzierung

Die zusätzlichen Kosten einer Ganztagsschule im Vergleich zu einer Halbtagsschule setzen sich aus den Investitionskosten und den laufenden Kosten zusammen. Während die Investitionskosten, die den Aus- und Neubau von Schulgebäuden, die Einrichtung von Mensen und Ausstattung der Schule beinhalten, zu einem Großteil aus Mitteln des IZBB und speziellen Landesmitteln bestritten werden können, sind die Unterhaltung der zusätzlichen Gebäude und die Finanzierung der erweiterten Betreuung nicht eindeutig geregelt. Würde zudem die Beschulung ausgeweitet, erhöhten sich die laufenden Kosten durch den Bedarf an zusätzlichen Lehrern. Erste Schätzungen gehen bei einer von vielen Seiten geforderten generellen Einführung der Ganztagsschule in der Grundschule von einer Erhöhung der durchschnittlichen Ausgaben pro Schüler für die Beschulung von 9 bis 16 Uhr um den Faktor 1,2 aus, was einer zusätzlichen jährlichen Aufwendung von ca. 2,2 Milliarden Euro entspricht (vgl. vbw – Vereinigung der Bayerischen Wirtschaft, 2004, S. 106). Würde zudem das Angebot der Betreuung von 8 bis 9 Uhr, während der Mittagspause und von 16 bis 18 Uhr von den derzeit verfügbaren Plätzen für 8 Prozent auf 33 Prozent aller Grundschüler ausgeweitet, würde ein zusätzlicher jährlicher Betreuungsaufwand von 1,8 Milliarden Euro entstehen (vbw, 2004, S. 106). Für die Sekundarstufe I belaufen sich die geschätzten Kosten auf 3,5 Milliarden Euro jährlich für die erweiterte Beschulung und 2 Milliarden für verbesserte Betreuung.[1] Bei einer vollständigen

---

[1] In Anlehnung an die Berechnungen in vbw (2004: S. 117 f.) wird von einer durchschnittlichen Jahrgangsstärke von 700.000 Schülern, von 4 Jahren Grundschule, 5 Jahren Sekundarstufe I, Kosten von 2.500 Euro für die Betreuung pro Kind, Mehrkosten von erweiterter Beschulung von 6 Stunden pro Woche von 780€ in der Grundschule und 1000€ in der Sekundarstufe I und einer derzeitigen Betreuungsquote von 8 Prozent in der Grundschule und 10 Prozent in der Sekundarstufe I ausgegan-

Umstellung auf Ganztagsschulen in Grundschulen und der Sekundarstufe I entstünden bei der bestehenden Organisation des Schulsystems somit insgesamt Kosten von ca. 9,4 Milliarden Euro jährlich, wogegen die bereitstehenden Mittel von 4 Milliarden Euro über einen Zeitraum von 5 Jahren sich eher bescheiden ausnehmen.

Die Finanzierung allgemein bildender Schulen wird in Deutschland fast vollständig von Ländern (80 Prozent) und Gemeinden (17 Prozent) übernommen. Während der Bund bis auf wenige Ausnahmen gesetzlich aus der Finanzierung ausgeschlossen ist, stellen private Haushalte, Kirchen, Unternehmen und weitere private Akteure einen kleinen Beitrag (2 Prozent), vor allem für die Unterstützung privater Schulen (BLK, 2004). Der Anteil privater Finanzierung ist im internationalen Vergleich gering, da zum einen nur sieben Prozent der Schüler private Institutionen besuchen und diese zum anderen keines oder nur ein vergleichsweise geringes Schulgeld erheben (OECD, 2004). Für die Übernahme der Kosten durch eine Ausweitung der Ganztagsschulen kommen in erster Linie die private Seite, die Länder und Kommunen in Betracht. Ohne grundlegende Verschiebung der Kompetenzen zwischen Bund und Ländern kann der Bund nicht zur Finanzierung der laufenden Kosten beitragen.

Aufgrund der schon im gegenwärtigen System bestehenden Finanzierungsschwierigkeiten von Schulen ist es äußerst fragwürdig, ob Länder und Kommunen weitere Finanzmittel für Ganztagsschulen bereitstellen können. Folgt man ökonomischen Grundsätzen bei der Kostenbeteiligung verschiedener Parteien an den zusätzlichen Bildungsausgaben (vgl. vbw –Vereinigung der Bayerischen Wirtschaft, Bildung neu denken! Das Finanzkonzept 2004, S. 31), so sollte die öffentliche und private Seite entsprechend der zu erwartenden internen Erträge der Bildungsausgabe zur Finanzierung beisteuern. Es stellt sich aufgrund der starken, jedoch schwer messbaren, externen Effekte von Bildung und Restriktionen bei der Finanzierung durch private Haushalte stets die Frage, inwiefern eine Verteilung der Kosten nach diesen Kriterien einer effizienten Allokation dienlich ist. Im Folgenden werden die Ansätze der Finanzierung durch Beispiele in verschiedenen Ländern dargestellt.

Internationaler Vergleich

In den meisten OECD-Ländern ist die Ganztagsschule die vorwiegende Schulform. Das Konzept der Halbtagsschule dominiert vor allem im deutschsprachigen Raum, wobei auch in den Niederlanden, Italien und Dänemark Halbtags-

---

gen. Die Annahme der Anzahl der Jahrgänge ist die Untergrenze, so dass die beschriebenen Kosten eher das untere Limit darstellen.

schulen durchaus einen signifikanten Teil der Schulen darstellen. Jedoch variiert die Definition von Ganztagsschule zwischen den Ländern. Nach deutscher Definition müssen an mindestens drei Tagen der Woche ein mindestens siebenstündiges Angebot mitsamt Mittagessen bereitgestellt werden (KMK, 2004). Nach dieser Definition würden die meisten finnischen Schulen, die an allen Schultagen ein Mittagessen und zumeist Betreuung am Nachmittag anbieten, als Ganztagsschulen gelten. Nach landesspezifischer Definition begreifen sich finnische Schulen jedoch als Halbtagsschulen, da die Beschulung zumeist am frühen Nachmittag endet (Döbert et al., 2003)[2]. Daher musste Finnland in der Debatte um die Förderung der Ganztagsschule mal als Beispiel für Halb- und mal für Ganztagsschule herhalten. Um solche Unklarheiten zu vermeiden und den Eigenheiten des Tagesablaufs in den verschiedenen Schulsystemen gerecht zu werden, werden bei der Vorstellung der Länder die jeweils landesspezifischen Definitionen von Ganztagsschule gebraucht.

Aus deutscher Sicht, wo es um eine zusätzliche Finanzierung der Umstellung von Halb- auf Ganztagsschule geht, sind besonders die Finanzierungsmodelle jener Länder interessant, die eine vergleichbare Umstellung vornehmen oder schon hinter sich haben. Hingegen dienen Länder, in denen die Ganztagsschule stets der Regelfall war, lediglich als Vergleich für die generelle Finanzierung des Schulsystems. Deshalb liegt der Schwerpunkt des Ländervergleichs auf den Nachbarländern mit vergleichbaren Schulsystemen. Zudem wird in erster Linie das Angebot an Ganztagsbetreuung im Primarschulbereich betrachtet, da dort die Betreuung von Schülern am notwendigsten ist.

Österreich

In Österreich ist wie in Deutschland die Halbtagsschule der Regelfall, lediglich 5,8 Prozent der Schüler besuchten im Schuljahr 2004/05 eine Schule mit Nachmittagsbetreuung.[3] Hierbei wird zwischen Ganztagsschulen, an denen Unterricht, Lern- und Freizeit mehrfach am Tag wechseln und die Teilnahme verpflichtend ist, und Tagesheimschulen unterschieden, in denen der Unterrichts- und Betreuungsteil klar getrennt ist und auch an einzelnen Schultagen wahrgenommen werden kann.[4] Die Betreuung bzw. Beschulung der Schüler wird bis mindestens 16 Uhr und höchstens 18 Uhr gewährleistet. Während die nachmittägliche Beschu-

---

[2] In Finnland läuft zur Zeit ein Experiment zur Ganztagsschule an, das bisher nur sechs Schulen umfasst.

[3] Quelle: BMBWK (2004; 2005).

[4] Die Ganztagsschule wird als „verschränkte Form des Unterrichts- und des Betreuungsteils" und die Tagesheimschule als „getrennte Form des Unterrichts- und des Betreuungsteils" bezeichnet.

lung ausschließlich durch Lehrer erfolgt, kann die Betreuung sowohl durch Lehrer als auch Erzieher stattfinden. Vergleichbar wie in Deutschland, fördert das Bundesprogramm „Schule nach Maß" die Nachmittagsbetreuung und strebt einen Ausbau der Betreuungsplätze von derzeit 45.000 auf 55.000 bis 2006 an, falls der Bedarf besteht. Alle allgemein bildenden Pflichtschulen und die Unterstufe der allgemein bildenden höheren Schulen können ganztägig geführt werden und durch das Programm gefördert werden. Eine generelle Umstellung der Halbtags- auf die Ganztagsschule wird jedoch nicht beabsichtigt (BMBWK, 2005).

Der zusätzliche Finanzbedarf durch die nachmittägliche Betreuung an den geförderten Schulen wird zum größten Teil aus Mitteln des Programms „Schule nach Maß" des Bundes gedeckt. Dies schließt sowohl den Aus- und Umbau der Schulen als auch die laufenden Kosten ein. Jedoch wird von den Eltern der Schüler ein Kostenbeitrag eingefordert. Dieser teilt sich in einen Betreuungs- und einen Verpflegungsbeitrag auf. Der Betreuungsbeitrag beträgt an Bundesschulen monatlich höchstens 80 Euro pro Schüler. In den allgemein bildenden Pflichtschulen wird der Beitrag durch Landesgesetze oder direkt von den Gemeinden bzw. Gemeindeverbänden festgelegt. Der Verpflegungsbeitrag wird von der jeweiligen Schulleitung veranschlagt. Für beide Beiträge können jedoch Ermäßigungen beantragt werden.

Schweiz

In der Schweizer Volksschule, die die ersten neun Schuljahre und damit die Primar- und Sekundarstufe I umfasst, verteilt sich der Unterricht traditionell über den Schultag, d.h. es gibt sowohl vormittags als auch nachmittags Unterricht. Jedoch wird in der Mittagspause und zwischen den Schulblöcken zumeist kein Mittagessen oder eine Betreuung der Schüler angeboten (Mangold und Messerli, 2004). Das Angebot an Ganztagsschulen ist hier noch geringer als in Deutschland und in Österreich. Für lediglich ein bis zwei Prozent der Schüler in der Primarstufe (Klassenstufen 1-6), in der die meisten Betreuungsplätze bestehen, wird eine nachmittägliche Betreuung angeboten. In der Schweiz wird zwischen obligatorischen Tagesschulen und freiwilligen Tagesschulen unterschieden. Bei ersteren ist der Besuch der Kernzeit zwischen 8 und 16 Uhr inklusive Mittagessen verpflichtend und der Besuch der so genannten Auffangzeit ab 7 Uhr und bis 18 Uhr freiwillig. Ein professionelles Betreuungsangebot besteht an fünf Tagen die Woche. In der freiwilligen Tagesschule kann das Betreuungsangebot nach der Halbtagsschule frei gewählt werden und die Öffnungszeiten richten sich nach der Nachfrage. Im Gegensatz zu der Situation in Deutschland und Österreich ist eine verstärkte Ausweitung des Angebots an Tagesschulen nicht vorgesehen.

Die Volksschule in der Schweiz steht im Kompetenzbereich der Kantone und Gemeinden. Die öffentlichen Tagesschulen werden überwiegend durch die Standortgemeinde der Schule finanziert, die Beteiligung der Kantone an den Kosten erfolgt nur in einigen Fällen wie den Kantonen Aargau und Bern, wo Tagesschulen in der kantonalen Gesetzgebung verankert sind (Mangold und Messerli, 2004). Seit 2003 ist der Bund befugt Betreuungsmaßnahmen zeitlich begrenzt zu fördern.[5] Vergleichbar mit Deutschland dient diese Förderung zumeist lediglich der Anschubfinanzierung. Hinzu kommt ein von den Eltern zu entrichtender Beitrag zu den Betreuungs- und Verpflegungskosten. Die Beiträge der Eltern sind in ihrer Höhe und Ausgestaltung sehr verschieden und werden von den Verwaltungsträgern der Schulen festgelegt, welches zumeist die Gemeinden sind. In den meisten der zurzeit ca. 64 Tagesschulen der Schweiz sind die Beiträge einkommensabhängig. Sie werden in Form von Tages- Monats- oder Jahresbeiträgen erhoben. Die Beiträge variieren insgesamt zwischen 3 und 60 Franken pro Schultag. Bei einheitlich erhobenen Beiträgen beträgt die Höhe pro Schultag zwischen 18 und 40 Franken an den meisten Schulen. Eine Ermäßigung ist in Form der Einkommensabhängigkeit für die meisten Schulen vorhanden, ansonsten aber nicht vorgesehen. Weiterhin können die Tagesschulen durch Drittmittel von Sponsoren und Vereinen unterstützt werden (Mauchle, 2001).

Niederlande

In den Niederlanden wird ganztäglicher Unterricht bzw. Betreuung überwiegend im Primärschulbereich in den Jahrgangsstufen 1 bis 8 angeboten. Die starke Dezentralisierung im Bildungswesen erlaubt den einzelnen Schulen, die zu 65 Prozent in freier Trägerschaft sind, sowohl die Länge des Schultages als auch die Anzahl der jährlichen Unterrichtsstunden festzulegen. Es muss lediglich die gesetzlich festgelegte Anzahl an Unterrichtsstunden erfüllt werden. Die Verwaltungsträger der Schulen sind zudem gesetzlich verpflichtet, ein Mittagessen an allen Primarschulen anzubieten. Bisher nehmen rund 30 Prozent der Schüler die Möglichkeit wahr, das Mittagessen an den Schulen einzunehmen. Die Zahl der Ganztagsschulen soll erweitert werden, wobei die Initiative zur Erweiterung des Angebots zumeist von lokalen Stellen ausgeht, die ein Netzwerk pädagogischer Institutionen umfassen und von der Regierung unterstützt werden (Döbert et al., 2003).

Die Finanzierung der Personalkosten der Primarschulen durch die Regierung erfolgt auf Basis der Anzahl der Schüler und ihrer Zusammensetzung aus

---

[5] Vgl. Bundesgesetz über Finanzhilfen für familienergänzende Kinderbetreuung 2002

sozialen und ethnischen Gruppen. Die Höhe des Personalbudgets ist unabhängig von dem tatsächlichen Angebot an Unterricht und Betreuung, das von den Schulen festgelegt wird. Die Betriebs- und Unterhaltungskosten der Schulen werden von den Kommunen aufgebracht und beruhen ebenfalls auf der Anzahl der Schüler und Klassen. Jedoch können Schulen zusätzliche Mittel für die Einstellung weiterer Lehrer bei einer Erweiterung des Unterrichts und des Angebots der nachmittäglichen Betreuung beantragen. Die Kosten des Mittagessens werden von den Eltern übernommen (Eurybase, 2005). Somit müssen Schulen zumeist selber die Finanzierung eines zusätzlichen Betreuungsangebots organisieren und können nur auf begrenzte zusätzliche staatliche Mittel setzen.

Dänemark

Die Autonomie der dänischen Primarschulen ist wie in den Niederlanden vergleichsweise hoch. Unter der Bedingung einer Mindestanzahl an jährlichen Unterrichtsstunden und einer maximalen täglichen Unterrichtszeit für die zumeist sieben Jahrgangsstufen der Primarschule, können die Schulen ihr Angebot an Unterrichtsstunden selber bestimmen. Abgesehen vom Unterricht, der je nach Altersstufe zwischen ca. 13 und 17 Uhr endet, sind die Schulen zwischen sieben und 17 bis 18 Uhr geöffnet. Die Schüler können in der Zeit nach dem Unterricht in der Schule sowohl an Freizeit-Aktivitäten als auch an zusätzlichem Unterricht in praktischen Schulfächern teilnehmen. Die Schulämter können von den Eltern einen Kostenbeitrag für die nachmittägliche Betreuung verlangen. Bei mehreren Kindern in Betreuungseinrichtungen oder besonderen Bedingungen können Ermäßigungen gewährt werden.

Schlussfolgerungen

Die Ausweitung von Betreuungsangeboten im Schulbereich wird nicht nur in Deutschland, sondern auch in den Nachbarländern mit Halbtagsschulen diskutiert. Während sich die Akteure im Bildungsbereich über das Ziel einig sind, ist die Verteilung der zusätzlichen Finanzierung zumindest in Deutschland nicht geklärt. Die verschiedenen Formen von Ganztagsschulen ähneln sich über die betrachteten Länder – Österreich, Schweiz, Niederlande und Dänemark – hinweg. So gibt es zumeist eine Form mit verpflichtender Teilnahme am Ganztagsunterricht, in der Unterricht und weitere Angebote nicht getrennt sind und eine Form der offenen Ganztagsschule, in der Beschulung und Betreuung zeitlich klar

getrennt sind und das Angebot der zusätzlichen Betreuung nach Bedarf angenommen werden kann.

Der Vergleich zeigt jedoch auch, dass die Autonomie der Schulen in den
Nachbarländern zumeist höher ist, so dass diese ihr Angebot an Beschulung und
Betreuung frei wählen können, unter Einhaltung der gesetzlichen Regelungen.
Die stärkere Autonomie der Schulen bzw. lokalen Schulbehörden führt auch
dazu, dass in erster Linie die Schulen oder Gemeinden selbst für die zusätzliche
Finanzierung von Ganztagsschulen aufkommen müssen. Zwar gibt es, vergleich-
bar wie in Deutschland, zusätzliche Mittel auf regionaler oder nationaler Ebene.
Diese dürften aber nur einen niedrigen Anteil der laufenden Kosten der zusätzlichen Beschulung und Betreuung ausmachen. In allen aufgeführten Ländern ist
eine Beteiligung der Eltern an den Betreuungs- und Verpflegungskosten ihrer
Kinder im Ganztagsschulbetrieb vorgesehen. Die Höhe und Ausgestaltung dieses
Beitrags wird von den Verwaltungsträgern der Schulen, in erster Linie die Schulen und Gemeinden, bestimmt und variiert daher stark selbst innerhalb der Regionen eines Landes. In der Schweiz, dem Land mit dem niedrigsten Betreuungsangebot in Primarschulen, werden in der Regel die höchsten Elternbeiträge ge-
zahlt, die zumeist einkommensabhängig sind. In anderen Ländern sind Ermäßigungen für Beiträge von Eltern mit mehreren Kindern oder mit beschränkten
finanziellen Ressourcen vorgesehen.

Literatur

BMBF (2003), Verwaltungsvereinbarung Investitionsprogramm „Zukunft Bildung und
    Betreuung" 2003 – 2007, unterzeichnet von Bund und Länder am 12.05.2003, Bun-
    desministerium für Bildung und Forschung, Berlin.
BMBWK (2004), Statistisches Taschenbuch 2004, Bundesministerium für Bildung, Wis-
    senschaft und Kultur – Österreich, Wien.
BMBWK (2005), Schule nach Maß – nachmittags:angebote, Bundesministerium für
    Bildung, Wissenschaft und Kultur, Österreich, http://www.bmbwk.gv.at/schu-
    len/04/Nachmittagsangebote11004.xml
BLK (2004), BLK-Bildungsfinanzbericht 2002/2003, Heft 116-II, Bund-Länder-
    Kommission für Bildungsplanung und Forschungsförderung, Bonn.
Döbert, Hans und Arbeitsgruppe „Internationale Vergleichsstudie" (2003), Vertiefender
    Vergleich der Schulsysteme ausgewählter PISA-Teilnehmerstaaten, Bundesministe-
    rium für Bildung und Forschung (Hrsg.), Berlin.
Eurybase (2005), Eurydice Database on Education Systems in Europe, European Com-
    mission, DG Education and Culture, http://www.eurydice.org/Eurybase/frameset_
    eurybase.html.
Klös, H.-P. and R. Weiß (2003), Bildungs-Benchmarking Deutschland – Was macht ein
    effizientes Bildungssystem aus?, Institut der deutschen Wirtschaft, Köln.

KMK (2004), Bericht über die allgemein bildenden Schulen in Ganztagsform in den Ländern der Bundesrepublik Deutschland Schuljahr 2002/2003, Beschluss der Kultusministerkonferenz vom 02.01.2004, Kultusministerkonferenz, Bonn.

Mangold, Max und Andreas Messerli (2004), Die Ganztagsschule in der Schweiz, in Ladenthin und

Rekus (Hrsg.), Die Ganztagsschule. Alltag, Reform, Geschichte, Theorie, Juventa.

Mauchle, M. (2001), Kosten und Finanzierung von öffentlichen Tagesschulen, Verein Tagesschulen Schweiz.

OECD (2004), Education at a Glance – OECD Indicators 2004, OECD, Paris.

vbw – Vereinigung der Bayerischen Wirtschaft (2004), Bildung neu denken! Das Finanzkonzept, Bd. II, Verlag für Sozialwissenschaften.

Bildung ist Privatsache

Klaus Schweinsberg

Bildung hat ihren Preis

Bildung darf nicht kostenlos sein. Denn was nichts kostet, ist nichts wert. Das gilt nicht nur für die Ausbildung an der Universität, sondern auch und erst recht für Schulen. Das heißt konkret: Wir brauchen Schulgebühren auch für Gymnasien, Real-, Haupt- und Berufsschulen. Die jetzige Diskussion, wonach Gebühren nur an Hochschulen einzuführen, greift zu kurz.

Ein unsozialer Vorschlag? Ganz im Gegenteil. Es gibt wenig Unsozialeres als unser staatlich finanziertes Bildungssystem. Das hat im Wesentlichen zwei Gründe: Die armen Familien, von unseren Politikern zynisch als »bildungsferne Schichten« bezeichnet, finanzieren letztlich die Ausbildung der Kinder der Reichen. Ein Blick in die amtliche Statistik genügt, um zu erkennen, dass 50 Prozent aller 15-Jährigen aus wohl situierten Familien ein Gymnasium besuchen. Bei den Gleichaltrigen aus Arbeiterfamilien sind es gerade mal zehn Prozent. Die Empirie wird auch durch unsere tägliche Beobachtung gestützt: Die Kinder von ehemaligen Volksschülern gehen heute meist auf die Haupt- oder Realschule. Die Kinder von Abiturienten und Akademikern frequentieren sehr häufig auch ein Gymnasium.

Das deutsche Bildungssystem ist unsozial

In hohem Maße unsozial ist das deutsche Bildungssystem zudem, weil es einerseits die Talente mutwillig ausbremst und zum anderen die wirklich Schwachen nicht fördert. Dass es an immer mehr Gymnasien gesonderte Begabtenförderung gibt, zeigt drastisch, wie bescheiden es um die Qualität des durchschnittlichen Gymnasiasten bestellt ist. Inzwischen ist durch die PISA-Studien auch handfest nachgewiesen, wie weit das Bildungsniveau unserer Gymnasiasten hinter dem ihrer Altersgenossen im Ausland hinterherhinkt. Und auch die Hauptschulen stellen sich ein Armutszeugnis aus, wenn sie in Scharen Schüler entlassen, die kaum lesen und schreiben und schon gar nicht rechnen können. Der Umstand, dass wir in Deutschland eine ins Kraut schießende Jugendarbeitslosigkeit haben, hat weniger damit zu tun, dass es zu wenig Ausbildungsplätze gäbe. Der Hauptgrund liegt darin, dass das Gros der Hauptschulabsolventen von den Betrieben und Berufsschulen als „nicht ausbildungsfähig" betrachtet werden.

Vorbild Schweden

Durch unser vermeintlich soziales Bildungssystem nehmen wir – oben wie unten – den Jungen die Startchancen, auf die sie einen Anspruch hätten. Und für die ihre Eltern im Übrigen durch ihre Steuern auch mächtig in Vorkasse gegangen sind. Doch Leistung kann in diesem System niemand einklagen. Jede Mutter oder jeder Vater, der einmal versucht hat, einen offensichtlich unfähigen Lehrer von einer Schule zu verdrängen, muss rasch die schmerzliche Erfahrung machen, wie wenig Eltern da ausrichten können. Man stelle sich nur vor, wie anders die Situation wäre, wenn Eltern für den Schulbesuch ihrer Sprösslinge direkt bezahlten. Dann würden sie mit Gewissheit die Auswahl der Schule mit ähnlicher Akribie vorbereiten wie heute den Kauf eines neuen Autos. Und sie würden faule Lehrer, zerfetzte Lehrbücher und heruntergekommene Schulgebäude genauso wenig dulden wie einen Motorschaden nach den ersten zehntausend Kilometern. Alles graue Theorie aus dem Lehrbuch des wirtschaftlichen Liberalismus? Mitnichten.

Ausgerechnet, das für seine soziale Ader in Deutschland so hochgeschätzte Schweden hat bereits in den Neunziger Jahren sein bis dahin vollständig unter staatlicher Kontrolle stehendes Schulsystem grundlegend reformiert. 1992 führten die Schweden eine „freie Schulwahl" ein. Die Gemeinden wurden verpflichtet, Schülern in unabhängigen, also privaten oder kirchlichen Schulen, das Schulgeld bis zu einem Betrag von 85 Prozent der Durchschnittskosten eines Schülers in einer staatlichen Einrichtung zu decken. Den Eltern wurde völlig freie Hand gegeben, in welcher Schule sie ihr Kind anmelden. Und: Grundsätzlich war fortan jedem erlaubt eine Schule zu führen und Gelder von den Gemeinden zu beziehen, so dessen Bildungsinstitut von der National Agency for Education zertifiziert wird. Bedingungen hierfür waren neben einem Basisstandard an Einrichtung, Lehrmaterial und Unterrichtsniveau vor allem, dass die Schule nach dem „first come first serve"-Prinzip für alle Schüler offen ist sowie, dass keine zusätzlichen Gebühren kassiert werden (sogenannte tuition fees). Ein Erfolgsmodell. Denn die Zahl der privaten Schulen stieg von 90 im Jahr 1991/92 auf rund 400 Schulen zehn Jahre später.

Die Ökonomen Sandström und Bergström haben dann mit einem empirischen Modell getestet, welchen Einfluss dieser neu entfachte Wettbewerb auf die Qualität der verbleibenden öffentlichen Schulen hatte. Die Qualität stieg insgesamt an. Damit widerlegten die beiden Wissenschaftlicher die auch in

Deutschland weit verbreitete These, wonach die freie Schulwahl den öffentlichen Schulen und vor allem der Unterrichtsqualität dort schade.

Und woher soll das Geld für die teure Ausbildung kommen? Wenn es denn richtig ist, dass Bildung in privaten Händen besser aufgehoben ist, dann muss sie auch privat finanziert werden. Zumindest von denen, die es sich leisten können. Und das sind die meisten. Bei den anderen zahlt der Staat – und zwar an die Eltern, nicht an die Schule. Es war der Ökonomie-Nobelpreisträger Milton Friedman, der die Idee von Bildungsgutscheinen entwickelt hatten. Die Eltern erhalten für jedes Kind einen Gutschein, der beispielsweise die durchschnittlichen Kosten für eine Ausbildung bis zum Abitur abdeckt. An welcher Grundschule, Realschule oder welchem Gymnasium dieser Bildungsvoucher eingelöst wird, ist allein Sache der Eltern.

Das nämlich ist der wesentliche Unterschied zum heutigen System. Denn dann kann selbst der Sozialhilfeempfänger eine hervorragende Schule für seine Kinder aussuchen. Schlechte Schulen hätten nirgendwo in Deutschland mehr eine Überlebenschance. Unter dem Strich würden wir sehr schnell feststellen, dass dieses System die besseren Schüler hervorbringt – und das zu geringeren Kosten.

3. Kapitel: Hochschulen in Zeiten der Globalisierung

Deutsche Hochschulen der Zukunft – eine Skizze

Markus Baumanns

Die Studenten der Zukunft

An deutschen Universität der Zukunft arbeiten die Studenten in kleinen Gruppen und in engem intellektuellen Austausch mit ihren Professoren. Professoren und Studierende kennen sich. Die Studenten der Zukunft ergänzen selbstverständlich ihr dreijähriges Bachelorstudium an einer Universität in Europa um ein ein- bis zweijähriges Masterstudium an einer außereuropäischen Hochschule. Nach dem wirtschaftswissenschaftlichen Grundstudium folgt beispielsweise ein rechtswissenschaftliches Aufbaustudium, das speziell für Graduierte eines nicht juristischen Grundstudiums entwickelt wurde und den Teilnehmern komprimiert Grundzüge und Grundkenntnisse rechtlicher Fragestellungen vermittelt. Nach einem geisteswissenschaftlichen Grundstudium folgt ein wirtschaftswissenschaftliches Aufbaustudium, das für Geisteswissenschaftler konzipiert wurde.

Mit diesem durch Praktika ergänzten Studiengang hat sich die Universität xy nicht nur unter Studierenden, sondern auch bei an den Abgängern interessierten Arbeitgebern einen Namen gemacht. Der angehende Anwalt hat sein grundständiges Studium in Passau, Heidelberg oder an der Bucerius Law School absolviert, sattelt ein Masterstudium an der Pariser Sorbonne im Internationalen Arbeitsrecht auf, bevor er nach einer von der Anwaltschaft organisierten und betreuten Praktikerstage sein europaweit anerkanntes Anwaltsexamen vor der deutschen Anwaltskammer absolviert. Eine junge Frau, die Mathematikerin werden wollte, beginnt ihr grundständiges Studium an einer süddeutschen Universität, entscheidet sich im Laufe des vierjährigen naturwissenschaftlichen Bachelorstudiums doch dafür, den Lehrerberuf zu ergreifen und wechselt deshalb nach Beendigung des Studiums in einen speziell für Lehrer an weiterführenden Schulen entwickelten Masterstudiengang mit pädagogischem Schwerpunkt. Das dort absolvierte Lehrerexamen ist von einer auf den Lehrerberuf spezialisierten Akkreditierungsagentur anerkannt und einst mit konzipiert worden. Der begeisterte Naturwissenschaftler beginnt sein Physik-Studium an der RWTH Aachen und setzt sein Studium in Bangalore fort. Seine Doktorarbeit im Bereich der Teilchenphysik schreibt er an der Universität in Karlsruhe (TH) im Rahmen eines Forschungsprojekts der TH Karlsruhe mit dem Bangalore Institute of Technology. Er habilitiert sich in eben diesem Verbund und tritt eine Forschungsstelle am Max-Planck-Institut in München an. Der Mediziner, der im Laufe seines Studiums feststellt, dass er in die Forschung gehen möchte, beginnt sein Studium an einem College in Houston/ Texas und an der Harvard Medical School, absolviert seine klinische Ausbildung in Deutschland, promoviert und habilitiert sich in seinem Spezialgebiet, in einem neuartigen auf Zelltechnologien basierten Operationsverfahren am Herzen, dem „Tissue Engineering", gründet mit Kollegen ein Spin off an der Universität Zürich, das sich mit der Kommerzialisierung dieser neuen Zelltechnologie zur Behandlung von Herzkrankheiten befasst, und forscht und lehrt an der ETH Zürich.

Leidenschaft, Intensität, Flexibilität und Grenzenlosigkeit charakterisieren diese Lebensläufe fiktiver und realer Studenten in einem europäischen Hochschulraum der Zukunft. So oder so ähnlich sehen Studienverläufe der Zukunft aus. Die Beispiele zeigen, wie sich die Hochschullandschaft insgesamt verändert haben wird.[1] Alle genannten Studierenden wurden für die jeweiligen Studiengänge sorgfältig ausgewählt. Jeder der Studenten hat sich schon während der Schulzeit und vielleicht in einem sozialen Jahr zwischen Schule und Studienbeginn intensiv Gedanken darüber gemacht, welchen Weg er einschlagen möchte. Alle haben bei der Bewerbung um einen Studienplatz ein persönliches Statement darüber abgegeben, warum sie dieses Fach an genau dieser Universität studieren möchten.

Die Studierenden zahlen entweder direkt Studiengebühren oder nehmen verschiedene Finanzierungsmodelle zur Deckung der Gebühren und ihrer Lebenshaltungskosten wahr. Besonders für die Aufbaustudiengänge haben sie sich um Stipendien beworben – oft bei Stipendienprogrammen, die von ehemaligen Absolventen der jeweiligen Universitäten zur Förderung des studentischen Nachwuchses an ihrer alten Alma Mater aufgelegt wurden.

Der deutsche Professor der Zukunft

Am Ende des Vorworts seines Buches „Understanding China" – schreibt der amerikanische Politikwissenschaftler und Sinologe John Bryan Starr: „I am grateful to my Yale students for what I learned with and from them."

Der deutsche Professor im Jahr 2015 versteht Forschung und Lehre nicht als Gegensatz, sondern als sich gegenseitig ergänzende und befruchtende Bestand-

---

[1]Einige der geschilderten Lebensläufe sind nicht fiktiv, sondern real. Allzu oft haben die Studenten hart um die Durchsetzung dieser Werdegänge kämpfen müssen. Hindernisse stellten sich besonders im Bereich der Anerkennung ausländischer Abschlüsse an deutschen Universitäten in den Weg. Die flächendeckende Einführung von Bachelor- und Masterstudiengängen in Europa im Rahmen des Bologna-Prozesses geht gerade vor diesem Hintergrund in die richtige Richtung.

teile seines Berufs. Sicher ist, dass dieses Selbstverständnis den Professorenberuf vor eine größere Herausforderung an den Umgang mit der knappen Ressource Zeit stellt, als dass bislang der Fall war. Bei den anstehenden Veränderungen im Hochschulbereich steht der Professorenstand, dessen Prägung aus der Mitte des 19. Jahrhunderts stammt, vor den größten Herausforderungen.

Der Werdegang des Professors der Zukunft knüpft an einem der eingangs geschilderten Lebenswege der Studierenden an. Er hat seine akademischen und wissenschaftlichen Leistungen an verschiedenen internationalen Hochschulen erbracht und wurde dabei schon früh in die Lehre einbezogen. Die Universitäten, bei denen er als wissenschaftliche Nachwuchskraft angestellt war, hat ihn systematisch und nah an der Lehrpraxis auf die Lehrtätigkeit vorbereitet. In den geistes- und wirtschaftswissenschaftlichen Fächern hat er durch das zweite Buch oder durch kumulierte wissenschaftliche Leistungen bewiesen, dass er über außergewöhnliches wissenschaftliches Talent und das Durchhaltevermögen „beim Bohren dicker Bretter", also dem Lösen komplexer und komplizierter wissenschaftlicher Fragestellungen, verfügt. Für die profilgebenden Professorenstellen bevorzugen die Universitäten meist diejenigen Kandidaten, die sich auf klassischem Weg, also mit einer Habilitation, für den Professorenberuf qualifiziert haben. Daneben gibt es Juniorprofessuren, die nur in Ausnahmefällen den Weg zu einem tenure tracked Professor gehen können.

Der Professor der Zukunft ist kein Beamter. Er ist Angestellter seiner Universität, zunächst befristet. Erst nach einer Zeit von drei bis fünf Jahren, in denen er unter Beweis gestellt hat, dass er die herausfordernde Balance zwischen ausgezeichneter Forschung und anregender Lehre beherrscht, stellt ihn seine Universität unbefristet an. Die Universität bietet ihm je nach Leistung eine ausgezeichnete persönliche Bezahlung an, die unter Anrechnung aller Leistungszulagen mit einer Honorierung in der freien Wirtschaft konkurrieren kann. Höhe und Dynamik der Bezahlung und die Ausstattung seines Lehrstuhls mit Sach- und Personalmitteln richten sich nicht nur nach den Leistungen in Forschung und Lehre, sondern auch nach der Höhe der von außen von ihm eingeworbenen Mittel für Forschungsprojekte. Bei diesen Bemühungen wird der Professor vom Fundraisingdepartment unterstützt. Über die Sachmittel seines Lehrstuhls entscheidet er frei und in eigener Verantwortung. Er entscheidet selbst, ob und wie viele wissenschaftliche Nachwuchskräfte er von diesen Mitteln anstellt. Für die Altersvorsorge der in unbefristet angestellten Professoren zahlt die Universität in einen Pensionsfonds auf dem Kapitalmarkt ein. Zusätzliche Leistungen der Universität können bei herausragenden Leistungen in einer Befreiung von den Gebühren für das Studium der Kinder an der Heimatuniversität liegen.

Die grundgesetzlich verankerte Freiheit von Wissenschaft und Lehre bezieht sich nicht auf die Loslösung des Professors von der Endlichkeit von Zeit und Geld, sondern – ganz im Sinne der Verfassung – auf die Inhalte von Forschung und Lehre.

Dank der flexiblen arbeitsrechtlichen Struktur und der wettbewerbsfähigen Gehaltsstruktur findet eine rege personelle Fluktuation zwischen Wissenschaft, Wirtschaft und Politik statt. Auf diese Weise wird der Sachverstand von Wissenschaftlern stärker in Politik und Wirtschaft genutzt. Der Professor, der für vier Jahre in ein Unternehmen, in ein Ministerium oder in die Politik geht, lernt seinerseits hinzu. Seine theoretischen Überlegungen werden durch die Praxis auf den Prüfstand gestellt. Unternehmer, Politiker und hochrangige Staatsdiener werden, vorbehaltlich wissenschaftlicher Neigungen und Nachweise, als Lehrbeauftragte für eine gewisse Zeit in der Universität tätig werden können.

Leitung, Management und Finanzen der Hochschule der Zukunft

Die Hochschule der Zukunft ist eigenständig. Sie wird geführt wie ein Unternehmen, das an seine wertvolle Produkte besonders hohe Qualitätsansprüche stellt. Die Produkte, für die Hochschulen und Wissenschaft verantwortlich sind, sind das wichtigste Potenzial, das das an Rohstoffen arme Hochlohnland Deutschland hat: die Ausbildung von jungen Menschen und die Generierung und Förderung von Forschung und Entwicklung. Die Wettbewerber befinden sich in der ganzen Welt, die Konkurrenz um die besten Köpfe ist groß. Unternehmen, die so bedeutende Güter in einem so wettbewerbsträchtigen Umfeld produzieren, brauchen besonders qualifizierte Manager, gute Berater, eine effiziente Managementstruktur und vor allem: Entscheidungsfreiheit. Zehn Jahre vor der Zukunft unterlagen die Hochschulen zum deutlich überwiegenden Teil staatlicher Planwirtschaft. Jetzt, in der Zukunft, tragen die Leitungen der Universitäten, bestehend aus einem Manager und einem akademischen Leiter volle Verantwortung für ihre unternehmerischen Entscheidungen. Der Staat, der einen größeren Teil der laufenden Kosten der Universitäten trägt, wacht in letzter Instanz darüber, dass Qualitätsstandards eingehalten werden. Bund und Länder haben diese Aufgaben an private Agenturen abgegeben, die über die Einhaltung der Akkreditierungsstandards wachen. Die finanziellen Zuschüsse des Staates sind an die Einhaltung von vorher definierten Kriterien und Zielvorgaben geknüpft.

Die Hochschulleitung entscheidet in Übereinstimmung mit dem akademischen Senat frei über die Berufung von Professoren, über die Schwerpunkte und die Profilbildung der Universität. In der Frage der Gehaltsentwicklung ihrer Angestellten, der Professoren und Mitarbeiter, unterliegt sie nur den Grenzen, die eine solide Haushaltsführung entlang eines vorher selbst aufgestellten Budgets setzt.

Die finanziellen Ressourcen einer Universität kommen in Zukunft aus fünf Quellen:

- aus staatlichen Zuschüssen, besonders in den kostenintensiven Naturwissenschaften und in den vordergründig wenig lukrativ erscheinenden Geisteswissenschaften,
- aus Studiengebühren aus den grundständigen Programmen – was im laufenden Haushalt einer Hochschule nicht mehr als maximal 25 % ausmachen wird,
- aus betriebswirtschaftlich gesehen attraktiveren Aufbaustudiengängen für internationale Studierende sowie berufsbegleitende Studiengänge,
- aus den Zuwendungen, die aktiv von Unternehmen, Stiftungen und Mäzenen eingeworben werden. In diese Kategorie fallen auch die Zuwendungen von ehemaligen Absolventen, den Alumni der Universität,
- aus eigener unternehmerischer Aktivität der Hochschule im Bereich des lebenslangen Lernens und aus den Ergebnissen der Grundlagenforschung, die so geschickt vermarktet werden, dass die Hochschule davon profitieren kann.

Die Hochschulleitung wird durch einen Gremium beraten, das aus gestandenen Unternehmern, Wissenschaftlern und Fundraisern besteht. Hier werden Ideen generiert und Kontakte vermittelt.

Die Universität der Zukunft entwickelt und pflegt ihre starke Marke

Eine Hochschule besteht im internationalen Wettbewerb, wenn sie klar abgrenzbare und definierte Produkte anbieten kann. Nicht jede mittelgroße Stadt in Deutschland hat eine Universität, nicht jede Universität bietet jedes Fach an. In einem sich über mehrere Jahre hinziehenden aber entschiedenen Prozess hat die Universität ihre strategische Ausrichtung neu definiert, die wissenschaftlich erfolgreichsten Fächer zu eigenständigen Schools umgewandelt und beschlossen, welche Fächer zu Gunsten welcher Schools aufgegeben werden. Die frei gewordenen Mittel werden den Schools zur Verfügung gestellt, die sich am besten profiliert haben, die die beste Aussicht auf eine starke wettbewerbsfähige Stellung auf dem Hochschul- und Wissenschaftsmarkt aufweisen[2]. Die Schools ha-

---

[2] Die hier geschilderten Grundgedanken greifen auf die von Michael Göring dazu geäußerten Thesen zurück: Neue Hochschulstrukturen als Innovationspotenzial. In: Jörn Axel Kämmerer / Peter Rawert (Hg.): Hochschulstandort Deutschland. Rechtlicher Rahmen – Politische Herausforderungen. Schrif-

ben innerhalb der Universität eine starke Eigenständigkeit. Deren Leitungen sind selbst für das wissenschaftliche Format, neben einem Grundzuschuss von der Universität für die Einwerbung von Mitteln für den laufenden Betrieb und für die ständige Weiterentwicklung des eigenen Profils verantwortlich.

Die einzelnen Schools wählen ihre Studierenden selbst aus, generieren Studiengebühren, betreiben Alumniarbeit und führen unter Beteiligung des Senats, der Studierenden und der Universitätsleitung die Berufungsverfahren für neue Professoren durch. Die Schools fungieren als Dienstleister für Studieninhalte in anderen Schools und nehmen für diese Dienstleistungen einen entsprechenden Prozentsatz der Studiengebühren der anderen Schools ein. Über die Finanzen legen sie dem Controlling der Universität quartalsweise Rechenschaft ab. Die Universität fungiert als Holding, die zentrale Dienstleistungen für die Gesamtuniversität stellt. Die Schools entrichten dafür einen Anteil von 10 - 20 Prozent der Studiengebühren an die Holding.

Die Profile der einzelnen Schools sind klar definiert. Jede Einwerbung, jede Förderung wird genau danach ausgerichtet, die Marke der einzelnen School zu schärfen und weiter auszubauen. Sorgfältig ausgewählte Studierende fördern nicht nur die Motivation in den Schools, sondern sind interessante Nachwuchskräfte für Unternehmen und zukünftige Arbeitgeber. Zwischen diesen als Förderer der Hochschule und den Absolventen besteht ein enges Verhältnis, von dem beide profitieren. Sie sorgen mit für die finanzielle Ausstattung und gute Rahmenbedingungen für Forschung und Lehre. Gute Bedingungen und gute Studierende ziehen Spitzenwissenschaftler aus aller Welt an. Die Summe exzellenter Schools schafft die Reputation der Universität im globalen Wettbewerb um die besten Köpfe und die besten Ideen.

Die Hochschullandschaft der Zukunft

Die Hochschullandschaft der Zukunft ist durch eine Vielfalt von staatlichen und privaten Hochschulen gekennzeichnet, die untereinander im Wettbewerb stehen. Neben den Universitäten bieten die Fachhochschulen rein praxisorientierte Studiengänge an. Im Grundstudium verschwimmen die Grenzen zwischen Universitäten und Fachhochschulen. Die Fachhochschulen bemühen sich, wissenschaftlicher zu werden, die Universitäten praxisorientierter. Es wird möglich, dass ein Fachhochschulabgänger sich nach erfolgreichem Abschluss des Bachelor-Grades erfolgreich in einem Auswahlverfahren für einen Masterstudiengang an einer Universität durchsetzt. Im Laufe des Bachelorstudiums hat er soviel Freude am

---

tenreihe des Instituts für Stiftungsrecht und das Recht der Non-Profit-Organisationen der Bucerius Law School, Band 2, Köln 2003, S. 149-156.

theoretischen Arbeiten bekommen, dass er in seinem Masterstudiengang eine Thematik auch wissenschaftlich vertiefen möchte. Vielleicht wird er im Anschluss an den Master sogar an einer weiteren, ausländischen Universität einen Promotionsstudiengang belegen. Spitzenforschung findet ihre Heimat an Universitäten und Forschungsinstituten. Letztlich entscheiden die Studenten, welchen Studiengang an welcher Hochschule sie belegen. Die Arbeitgeber entscheiden ihrerseits, welchen Abgänger sie gemäß ihren Bedürfnissen den Vorzug geben. Nach einer Phase einer relativ großen Unübersichtlichkeit wird sich im Laufe der Jahre die Spreu vom Weizen trennen und die erfolgreichen, das heißt vom Markt der Studenten und vom Markt der Arbeitgeber angenommenen Hochschulen, durchsetzen.

Zusätzlich wird die Hochschullandschaft dadurch heterogener, dass auch nationale und internationale kommerzielle Anbieter den jahrzehntelang durch das staatliche Monopol brach liegenden Bildungsmarkt entdeckt und erschlossen haben. Diese konzentrieren sich überwiegend auf das berufsbegleitende Lernen oder auf Umschulungen, bieten aber auch Bachelor- und Masterstudiengänge an. Auf der anderen Seite greifen die Universitäten auf den Weiterbildungsmarkt in- und außerhalb Deutschlands über. Professoren und wissenschaftliche Mitarbeiter der Universitäten engagieren sich im Bereich der Fortbildung für die Marke ihrer Hochschule, erhalten zusätzliche Honorare für diese Tätigkeiten und helfen auf diese Weise mit, die finanziellen Grundlagen ihrer Hochschule zu stärken.

Die Beziehung von Wissenschaft, Wirtschaft und Politik der Zukunft

Die Universitäten der Zukunft sind Inkubatoren für neue Unternehmensideen. Von hier gehen die Impulse vor allem in Hochtechnologiebereichen, in der Medizintechnik, in der Nanotechnologie oder der Materialforschung aus, aus denen wettbewerbsfähige Produkte entstehen, die sich auf dem Weltmarkt behaupten und sich unter der Marke „Made in Europe" gegen starke Konkurrenz aus Asien, Nordamerika und dem Nahen Osten durchsetzen. Die Universitäten haben auch Wege gefunden, wie sie die Ergebnisse der Grundlagenforschung, die ihre Wissenschaftler generiert haben, so patentieren, dass sie von der industriellen Serienproduktion eines solchen Patents profitieren. Und die Wissenschaftler haben Spin-Offs gegründet, über die sie die Ergebnisse ihrer Forschung vermarkten. Unternehmen kommen zu den namhaften Schools, um sich in ihrer strategischen Weiterentwicklung beraten zu lassen.

Die personelle Fluktuation zwischen Forschungsabteilungen von Unternehmen und Universitäten nimmt erheblich zu. Dadurch wächst das gegenseitige Verständnis zwischen Wissenschaft und Wirtschaft, zwischen Theorie und Praxis, was sich positiv auf Stil und Verständlichkeit der Expertisen der Wissenschaft auswirkt. Die Lehre und die Praxis von der Kommunikation nimmt in allen wissenschaftlichen Einrichtungen und Studiengängen einen wichtigen Platz in den Curriculae ein. Der verstärkte personelle Austausch zwischen Wissenschaft und Gesellschaft bekommt eine besonders wichtige Bedeutung im Bereich der Politik. Die Politik greift bei ihren Entscheidungen systematischer und gezielter auf die Expertisen der Wissenschaft zurück. Wissenschaftler aller Disziplinen werden Möglichkeiten haben, für einige Jahre in der politischen Administration oder in der Politik zu arbeiten. Sie erhalten die Gelegenheit, ihre theoretischen Ideen in der Praxis umzusetzen. Die Theorie wird praxistauglich. Durch die intensive Kommunikation zwischen Theorie und Praxis und durch den personellen Austausch entstehen im Bereich der Politikberatung erstmals in Deutschlands wirkliche Think Tanks.

Schließlich kommen Politiker an die Universitäten, um ihre Ideen gegenüber guten Studenten auf den Prüfstand zu stellen. Die Universitäten werden zu wichtigen Inkubatoren für entscheidende Zukunftsfragen aus Wirtschaft, Politik und Gesellschaft. Sie werden zu Denkzellen, zu Räumen der Kreativität, die nur hier so möglich sind und die Realität bereichern und voranbringen.

Die Zukunft der Geisteswissenschaften

Ökonomische Erfolge in der globalisierten Wirtschaft werden letztlich immer stärker durch sogenannte „soft Skills" und gegenseitiges Verständnis über Kulturgrenzen hinweg erzielt. Ob ein Geschäft zustande kommt oder nicht, entscheiden am Ende nicht Zahlen, sondern die Antwort auf die Frage, ob das Verständnis, die "Chemie" zwischen den Vertragspartnern stimmt. Akteure in der Weltwirtschaft kommen immer weniger ohne Kenntnisse und Erfahrungen von Sprachen, Religionen und historischen und kulturellen Hintergründen einzelner Weltregionen aus. Das ist die Stunde der Geisteswissenschaften. Ein angehender Unternehmer wird nach einem betriebs- oder volkswirtschaftlichem Grundstudium ein geisteswissenschaftliches Aufbaustudium im In- oder Ausland absolvieren.

Die geisteswissenschaftlichen Schools der Universitäten bieten beispielsweise im Rahmen ihrer Executive Education Programme für Ökonomen aufeinander aufbauende Weiterbildungsmodule zu den Hintergründen der chinesischen Kultur und Verhandlungsführung an. Innerhalb der Universität fungieren die geisteswissenschaftlichen Schools als interne Dienstleister für ingenieur-, betriebs-, und rechtswissenschaftliche Studiengänge. Umgekehrt bietet die Business School Geisteswissenschaftlern obligatorische Kurse in Betriebswirtschaft an. Ohne wirtschaftliches Grundverständnis wird kein Geisteswissenschaftler mehr ausgebildet. Naturwissenschaftler werden ihrerseits nicht mehr ausgebildet, ohne dass sie Kurse in Technik und Kultur der Kommunikation an der geisteswissenschaftlichen School wahrgenommen haben. Die geisteswissenschaftlichen Schools an den Universitäten bieten schließlich ein „Studium generale" an, das für einige Studiengänge obligatorisch ist und Hörern aller Disziplinen offen steht.

Der intensive inhaltliche Austausch der Schools untereinander verstärkt das gegenseitige Verständnis der Disziplinen und vermittelt das Wissen, ohne das die unterschiedlichen Disziplinen nicht mehr auskommen werden.

Zusammenfassung: Wissen, worum es geht

Die deutsche Universität der Zukunft ist eigenständig. So hat sie die Kraft und das Durchsetzungsvermögen, sich so zu entwickeln, dass sie ihren Herausforderungen in der geschilderten Art und Weise begegnen kann. An der Universität treffen sich Lernende und Lehrende aus aller Welt und erleben eine intensive intellektuelle Gemeinschaft. Die viel diskutierte Frage des brain drains lenkt den Blick in die falsche Richtung. Es geht gar nicht darum, festzustellen, warum Deutschland so viele gute Wissenschaftler verliert. Es geht darum, daran zu arbeiten, dass Deutschland exzellente Wissenschaftler, Lehrende und Studierende gewinnt, ganz gleich ob aus Deutschland oder aus anderen Teilen der Welt. Wir sollten uns nicht darauf konzentrieren, Deutsche zurückzuholen, sondern darauf, die Besten zu uns zu holen.

Um den Hochschulen die nötige Eigenständigkeit zu geben, muss der Staat seine Aufgaben neu definieren und – loslassen können. Die Frage, ob Hochschulen Bundes- oder Länderangelegenheit ist, ist vor diesem Hintergrund zweitrangig. Diese Frage verstellt den Blick für die eigentlichen Herausforderungen, vor denen die Hochschulen in den kommenden zehn Jahren stehen. Die notwendigen Veränderungen müssen entschieden und mit dem nötigen Fingerspitzengefühl und der erforderlichen Beharrlichkeit herbeigeführt werden. Dabei wird Deutschland und Europa seinen eigenen Weg finden und kein Hochschulsystem der Welt kopieren. Zu dem geschilderten Szenario der deutschen Universität gibt es keine Alternative, wenn dieses Land und dieser Kontinent in Zukunft international wettbewerbsfähig bleiben will.

Die deutsche Hochschulfinanzierung im internationalen Vergleich – Explorationen und Provokationen

Stephan A. Jansen und Tim Göbel

> „Sparen. Sparen. Sparen."
> Der Spiegel 19/2005, Auf Kante genäht,
> S. 170
>
> „Geist ist geil!"
> Spruch auf einem Plakat bei einer Studie-
> rendendemonstration in Berlin

Wir starten mit Paradoxien. Paradoxien für ein Verständnis für das Selbstver-
ständliche.

Paradox 1: Wir können es uns nicht länger leisten, bei der Bildung und Forschung zu sparen. Es wird uns zuviel kosten, bei der Bildung und ihrer Beteiligung nicht vordringlich zu investieren.

Paradox 2: Wir leben in einer demographischen Zeitenwende, in der wir uns
wohlstandsbedingt – aufgrund der hohen Opportunitätskosten – keine Kinder
mehr leisten, die Bildung überhaupt nachfragen.

Paradox 3: Das wird in der Zivilgesellschaft und bei ihren politischen Vertretern
parteiübergreifend so gesehen – und verblieb damit aufgrund der Abwesenheit
von größeren Regierungs-/Oppositionsspielen in den vergangenen 20 Jahren
ohne größere Resonanz.

Paradox 4: Bildungspolitik war als Thema die letzten Jahrzehnte nicht wahl-
kampffähig – gerade weil es bildungssystemisch und -ökonomisch bedingt so
wenig Akademiker in Deutschland gab und bis zum heutigen Tage gibt.

Paradox 5: Das deutsche Bildungssystem sieht sich einer radikalen Transforma-
tion ausgesetzt – Sicherstellung von kürzeren Studienzeiten und mehr Prüfungs-
leistungen von einer zunächst steigenden Anzahl neuer Studierender, verbunden
mit einer Einsparungswelle.

Also: Erhöhung der Bildungsbeteiligung bei gleichzeitiger Steigerung der wissenschaftlichen und administrativen Betreuung mit relational weniger personellen und sächlichen Ressourcen.

Dass wir heute diese Paradoxien offen besprechen, ist letztlich dem verfassungsgerichtlich gekippten Verbot der Studiengebührenerhebung vom 26. Januar 2005 zu verdanken, die die Unterscheidung zwischen öffentlichen und privaten Gütern ins Wanken brachte und die allgemeine Finanzierungsfrage nochmals radikalisierte.

Die Medialität des Themas wird durch Berichte von Studiengangseinstellungen und Einsparungswellen flankiert wie z.b. an der LMU in München mit allein zwanzig einzustellenden Studiengängen, oder die drei Hochschulen der Hauptstadt, die bis 2008 insgesamt 75 Millionen Euro einsparen müssen. In Berlin bedeutet dies, dass rund 230 Lehrstühle allein an diesen drei Universitäten gestrichen werden, bei Betreuungsrelationen, die sich seit den 1980er Jahren ohnehin dramatisch verschlechtert haben. So hat sich seit 1980 die Studierendenzahl von gut einer auf nunmehr zwei Millionen verdoppelt, die Professoren hingegen sind von gut 28.000 auf etwas über 38.000 deutlich unterproportional angestiegen. Durchschnittlich kommen heute knapp 60 zu betreuende Studierende auf einen Professor.

Wir wurden eingeladen, einige Fakten und Thesen zur Bildungsfinanzierung beizutragen, wobei dies angesichts dieses Formats selbstverständlich keine Tiefenanalyse sein kann und somit nicht mehr als eine kurze Pointierung und Exploration vorgenommen wurde.

Facts & Figures: Hochschulfinanzierung in Deutschland im internationalen Vergleich

Im Folgenden soll sowohl auf die Herkunft sowie die Verwendung der Mittel eingegangen werden, soweit es die recherchierbaren Zahlen zulassen.

Die Hochschulen in Deutschland gaben im Jahr 2001 ca. 20 Milliarden Euro für Lehre und Forschung aus. 16 Milliarden Euro wurden von den Ländern und ca. drei Milliarden Euro vom Bund zur Verfügung gestellt. Nach OECD-Angaben gibt Deutschland derzeit knapp ein Prozent des Bruttoinlandsproduktes aus. Der internationale Durchschnitt liegt immerhin 70 Prozent höher! In Ländern wie USA und Korea sind es mehr als 160 Prozent. Gemessen an den öffentlichen Gesamtausgaben beträgt der Bereich Bildung 9,9 Prozent. Ziemlich genau sechs Mal so viel gibt Deutschland für Pensionen und den Kapitaldienst aus. Die Vergangenheit drückt also in der Gegenwart mehr als die Zukunft ziehen kann.

Schätzungsweise 40 Prozent der Grundmittel an Universitäten werden für Forschung ausgegeben. Diese Zahl ist eine Schätzung, da die Grundmittel von Bund und Ländern nicht nach Lehre und Forschung differenziert zur Verfügung gestellt werden.

16 Milliarden Euro werden von 99 Universitäten, 2,6 Milliarden Euro von 187 Fachhochschulen ausgegeben.

In den vergangenen Jahren lässt sich in Deutschland eine Veränderung der Finanzierungsrelationen ausmachen: Einem sinkenden Volumen an Grundmitteln stehen mehr Drittmittel – allen voran durch die Deutsche Forschungsgemeinschaft (DFG) sowie Stiftungen und die Industrie – gegenüber, die allerdings keine eindeutig zu prognostizierende Größe für die Planungssicherheit der einzelnen Hochschulen sein können.

Von Bund und Ländern werden den Hochschulen Mittel zugewiesen, die sich auf die Anzahl der immatrikulierten Studierenden beziehen. Ab 2005 wird es im Rahmen des „Paktes für Forschung und Innovation" Zusatzmittel in Milliardenhöhe vom Bundesministerium für Bildung und Forschung geben, die an einzelne Hochschulen und Universitäten sowie außeruniversitäre Forschungseinrichtungen nach einem wettbewerblichen Prinzip vergeben werden.

Neben den staatlichen Mitteln zur Finanzierung der Hochschulen sind die privaten Ausgaben für ein Hochschulstudium und die aus den langen deutschen Studienzeiten resultierenden hohen privaten wie volkswirtschaftlichen Opportunitätskosten zu ermitteln, wenn man eine bildungswirtschaftliche Gesamtrechnung durchführen möchte. Hier wären ebenfalls die Bildungsexporte zu berechnen, die in Ländern wie der USA bereits zum fünftgrößten Wirtschaftsfaktor geworden sind.

Deutschland kann somit als ein bürokratisches, egalitaristisches Bildungssystem – bisher ohne ein eigenes Elitesegment – beschrieben werden, was mit einer staatlichen Bildungsträgerschaft von 91,8 % einer deutlich staatsmonopolistischen Tendenz aufweist – verglichen mit 78,6 % im OECD-Durchschnitt. Bei einem Studierendenanteil an privaten Hochschulen von 3 % wird dies noch mal plastischer.

Komparative Analyse der Finanzierung anhand ausgewählter internationaler Bildungssysteme

Australien

Seit 1974 wird die Universitätsfinanzierung ausschließlich zentral über den Bund, nicht mehr über die einzelnen Länder unternommen. Ähnlich wie jetzt auch in Deutschland mit dem Pakt für Forschung und Innovation werden dort einzelne Universitäten und Forschungseinrichtungen mit zusätzlichen Mitteln versehen, die sich bereits durch besondere Leistungen auszeichnen und mit Hilfe dieser Mittel weiter differenzieren können. Separat zu den Mitteln für die universitäre Lehre werden Mittel für Forschungsleistungen zugewiesen.

Im Jahr 1989 hat Australien allgemeine Studiengebühren eingeführt. Flankiert wurde diese Einführung mit der Etablierung eines umfangreichen Darlehens- und Stipendiensystems.

Dänemark

Die Finanzierung der Hochschulen in Dänemark ist an die Anzahl der Absolventen gekoppelt. Für jeden Absolventen werden den Hochschulen rückwirkend Finanzmittel zur Verfügung gestellt. Die Mittel für die Lehre betragen ca. 30% des gesamten Bildungsbudgets, welches den Hochschulen zur Verfügung gestellt wird.

Budgets für Forschung werden nur vierzehn Universitäten und Forschungseinrichtungen zur Verfügung gestellt. Alle anderen Hochschulen erhalten ausschließlich Budgets für die Lehre.

In Dänemark gibt es keine Studiengebühren.

Frankreich

Die Anzahl der immatrikulierten Studierenden fungiert als Basis für die Zuteilung von Mitteln. Je nach Status der Institution, Forschungsoutput etc. werden die Studierendenzahlen gewichtet und Zusatzmittel alloziiert. Somit weisen das französische und das deutsche System der Hochschulfinanzierung große Ähnlichkeiten auf. Allerdings wurde ein durch staatliche Nachfrage stabilisiertes Elite-Segment mit den Grandes Écoles unterstützt. Auch in Frankreich gibt es keine allgemeinen Studiengebühren. Studierende zahlen nur geringe Gebühren für die Einschreibung zu Beginn des Semesters.

Auffälligkeiten: Allokationsbasis und Mitteldifferenzierung

Umstellung der Allokationsbasis: Aus der komparativen Analyse der Hochschulfinanzierung kann abgeleitet werden, dass vor allem die Ausgestaltung des Kriteriums, welches die Mittelzuweisung des Staates beziehungsweise der Länder bedingt, von Bedeutung ist. Eine Kopplung der Mittel an Absolventenzahlen statt an Studierendenzahlen vermag die Abschlussorientierung sowohl der Universitäten als auch der Studierenden deutlich erhöhen. Dies erscheint anhand der hohen Abbruchquoten sowie den Fach- bzw. Hochschulwechslerquoten durchaus eine allokative Anreizstruktur auch für ein eigenes hochschulbezogenes Auswahlverfahren zu ermöglichen.

Differenzierung der Finanzströme: Auffällig im internationalen Vergleich ist auch der Umgang mit den Mitteln für Forschung und Lehre. In Deutschland beobachten wir im klassischen Humboldtschen Sinne die Einheit von Lehre und Forschung, die sich fiskalisch in einer gemeinsamen Zuweisungssumme an die Hochschulen ausdrückt. Jede Hochschule determiniert individuell, in wie fern die Mittel für die Lehre und welcher Anteil für die Forschung ausgegeben wird. In einigen Ländern ist die Trennung der beiden Bereiche Forschung und Lehre sehr viel stärker ausgeprägt, was sich dann auch in den Finanzströmen entsprechend ausdrückt.

Aktueller Finanzierungsbedarf des deutschen Bildungssystems

Nach einer Studie der vbw – Vereinigung der Bayerischen Wirtschaft aus dem Jahr 2004 beträgt der zusätzliche jährliche Finanzierungsbedarf 26,7 Milliarden Euro pro Jahr für den gesamten Bildungsprozess in Deutschland (vom vorschulischen Bereich über die Universitäten bis zur Weiterbildung) als notwendige finanzielle Bedingung, um wieder adäquate Ergebnisse in der Bildung und Ausbildung junger Menschen erzielen zu können.

Knapp sieben Milliarden Euro pro Jahr davon müssen allein in den tertiären Bildungsbereich fließen. Mit dieser Summe könnte der Betrag, der pro Studierendem pro Jahr zur Verfügung steht, von heute 6.360 Euro um den Faktor 1,73 auf 11.000 Euro jährlich erhöht werden. Dadurch könnte sich potenziell die Relation von Lehrenden zu Studierenden erheblich verbessern[1]. Eine Studie der Hochschulrektorenkonferenz geht von einer derzeitigen Unterfinanzierung des Hochschulbereichs von drei Milliarden Euro aus. Das würde bedeuten: Zwischen 15 bis 30 Prozent beträgt die gegenwärtige Unterfinanzierung, um international wieder anschlussfähig zu werden.

Drei Wege: Mehr einnehmen. Mehr sparen. Mehr privat.

Sehr vereinfachend können wir idealtypisch zwischen diesen drei Wegen unterscheiden, die man in der Praxis bereits heute nur in Kombination antreffen kann.

---

[1] Die verbesserte Relation zwischen Lehrenden und Lernenden im tertiären Bereich macht nach der Studie 5.2 von 7 Milliarden Euro aus.

Weg 1: Mehr einnehmen!

Die Hoffnung auf eine höhere Finanzierung der staatlichen Universitäten allein durch die Länder und den Bund ist vermutlich weniger aussichtsreich – insbesondere nach dem nun lange verhandelten 1,9 Milliarden Programm im Rahmen der Exzellenz-Initiative für die nächsten sechs Jahre.

Stattdessen wird das *„3 S-Modell"* von den privaten Hochschulen auf die staatlichen Hochschulen übertragen werden, welches die nicht staatliche Hochschulfinanzierung auf drei Säulen stellt: Studiengebühren, Spenden bzw. Sponsoring und Scientific Services.

Studiengebühren

Eine kurze exemplarische Rechnung kann verdeutlichen, wie die Mehreinnahmen durch die flächendeckende Einführung von Studiengebühren aussehen können. Zwei Szenarien werden betrachtet, denen beiden einheitliche Gebühren für alle Studierende in allen Studiengängen zu Grunde liegen:

Szenario 1:	500€ pro Semester bei 2 Mio. Studierende	→	2 Mrd. Euro p.a.
Szenario 2:	1.500€ pro Semester bei 2 Mio. Studierende	→	6 Mrd. Euro p.a.

Werden zunächst in der Regel sechssemestrige Bachelor-Studiengänge absolviert, werden somit Studieninvestitionen pro Studierender in Höhe von insgesamt zwischen 3000 bis 9000 Euro veranschlagt.

Zwei beziehungsweise sechs Milliarden Euro werden auf Grund des Verwaltungsaufwandes nicht netto den Hochschulen zufließen. Bei einem Verwaltungskostenanteil und einem zwingend notwendigen Stipendiatenprogramm von bis zu 50 Prozent könnten Mehreinnahmen in Höhe von einer beziehungsweise drei Milliarden Euro verzeichnet werden. Gute Investitionsmöglichkeiten für beide Parteien: Denn die privaten Bildungsrenditen betragen in Deutschland zwischen 6,8 bis 7,3 Prozent pro zusätzlichem Bildungsjahr, so auch der Sachverständigenrat zusammenfassend in seinem Jahresgutachten 2004.

Der Bundesverband der Deutschen Arbeitgeber (BDA) entwickelte ein eigenes Modell, welches die Abrechnung pro in Anspruch genommenes Seminar vorsieht. Die Hochschulrektorenkonferenz (HRK) will die einzelnen Hochschulen in die Lage versetzen, selbständig über die Höhe der Gebühren zu bestimmen und gleichzeitig ein umfangreiches Stipendiensystem einführen. Das Centrum für Hochschulentwicklung (CHE) fokussiert vor allem auf die Mitbestimmung der Studierenden bei der Verwendung der Gebühren. Die staatseigene Kreditanstalt für Wiederaufbau (KfW) und die Sparkassenverbände wollen Produkte für

Studierende zur Finanzierung der Gebühren sowie den Lebenshaltungskosten anbieten, ebenso einige Geschäftsbanken.

Bis heute liegt jedoch noch kein erprobtes Modell vor. Die Zeppelin University hat ein vielfach ausgezeichnetes Modell mit deutlich günstigeren Konditionen in Kooperation mit der Sparkasse Bodensee seit Gründung im Einsatz. Hier zeigt sich, dass das so genannte Cherry-Picking, also die Auswahl der Besten, mit dem auch für Staatsuniversitäten möglichen Zulassungsverfahren für die Studierenden zinssenkend wirkt – und das ohne jedwede Bonitätsprüfung.

Deutlich wird aber anhand der Zahlen auch, dass eine flächendeckende Einführung von Studiengebühren allein nicht das vorhandene Finanzierungsdefizit schließt. Somit sind Mehreinnahmen aus anderen Quellen sowie ein konsequentes auf Effizienzsteigerungen ausgerichtetes Sparen notwendig.

Sponsoring

Ein Artikel aus der Süddeutschen Zeitung aus dem Jahr 2005 zeigt den Zusammenhang zwischen „Witwenverführung" und Fundraising auf. Genau so anrüchig wie eine Witwentführung erscheint es vielen Hochschulentwicklern und Witwen auch. Während viele in die USA schielen, kann eine finanzierende Alumni-Kultur in der BRD durch eine Zentrale Vergabestelle und geringe Angebote kaum entstehen und die Normalität der Dualität von privaten und staatlichen Bildungsträgern ist gegeben. Hierzulande kommt es vielen steuerzahlenden Mäzenen und Unternehmen immer noch grotesk vor, warum für staatliche Universitäten gesponsert werden muss, wenn wir uns doch als Gesellschaft für Bildung als ein öffentliches Gut entschieden hatten.

Einer Analyse der Universität der Bundeswehr München zu den „Sponsoringtrends 2002" machte folgendes deutlich:

Anteil der Sponsoringtypen der Unternehmen (Mehrfachnennungen)

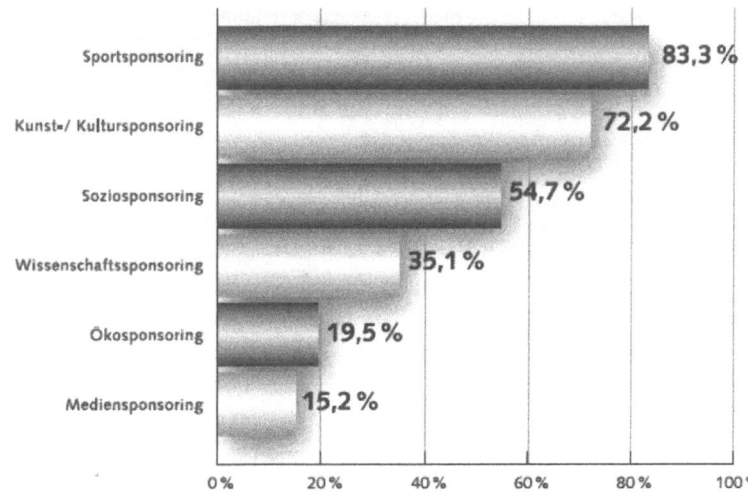

Während zumindest noch 35,1 Prozent der 669 befragten Unternehmen im Bildungssponsoring aktiv waren, stellt dies wertmäßig nur 7,4 Prozent dar: Auch in Zukunft wird das Bildungssponsoring nicht zu den am stärksten wachsenden Sponsoring-Feldern der Unternehmen gehören.

Anteil des Sponsoringvolumens nach Sponsoringtypen

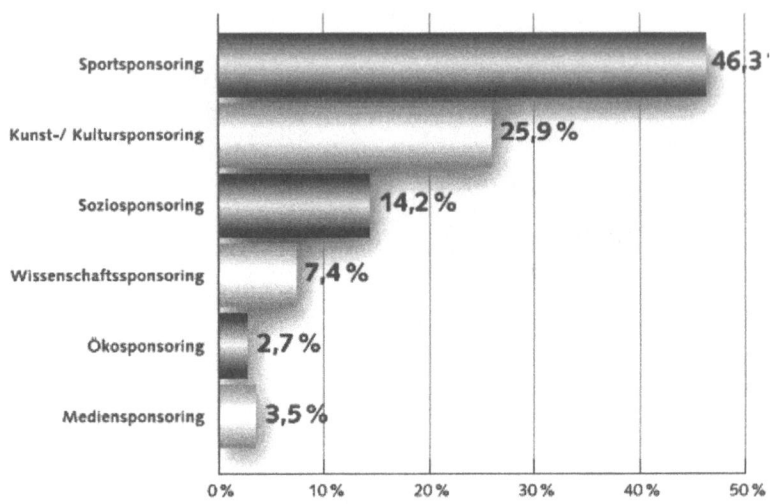

Weiterhin zeigt sich, dass der Anteil der Unternehmen, die sich konkret an Hochschulen engagieren vergleichsweise klein ist. Viele Unternehmen haben sich in den vergangenen Jahren konjunkturell aus dem Hochschulmarketing zurückgezogen. Ein Trend, der sich aufgrund der Nachwuchslücken in vielen Fachbereichen so nicht weiter durchsetzen wird.

Anteil der Unternehmer mit Hochschulsponsoring

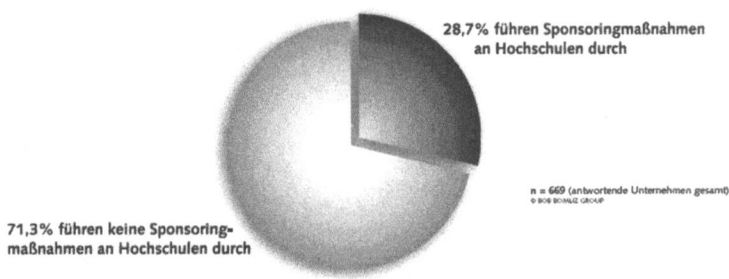

Dennoch zeigt die Einschätzung der befragten Unternehmen beim Wissenschaftssponsoring im Vergleich zu anderen Sponsoringtypen keine überdurchschnittlich steigende Bedeutung.

Zukünftige Entwicklung der Bedeutung der Sponsoringtypen

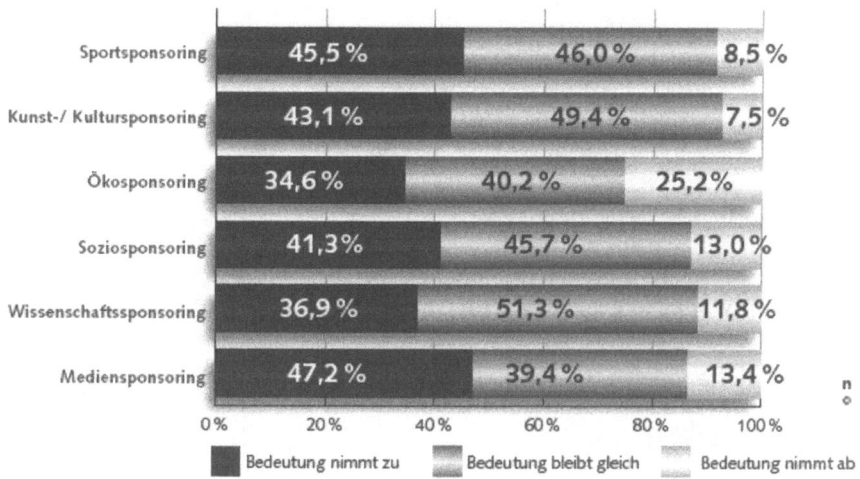

Während die Spendenbeteiligung nach dem Emnid-Spendenmonitor 2003 bei über 40 Prozent liegt, schwanken die Schätzungen über die Spendensummen zwischen 3,2 bzw. 3,4 Milliarden Euro in der Mitte der 1990er Jahren bis hin zu 5 bis 8 Milliarden beim Deutschen Spendenbarometer oder etwas optimistischer beim Deutschen Fundraising Verband e.V. In der Einkommens- und Vermögenssteuerstatistik sind Ende der 1990er Jahre einkommenssteuermindernd ca. 1,3 Milliarden Euro abgesetzt worden.

Scientific Services

Hierunter fallen die klassische Drittmittel-Forschung, aber auch Konzepte wie wissenschaftliche Beratungsleistungen und Angebote im Bereich der exekutiven Ausbildung oder der Weiterbildung. Hier entsteht erst langsam ein Gefühl für die Entwicklung von Geschäftssystemen von Hochschulen für die Gesellschaft.

Zusammenfassend muss jedoch konstatiert werden, dass die staatlichen Hochschulen in der Vergangenheit offenbar nur sehr begrenzt die Möglichkeiten der Mehreinnahmen ausschöpften.

Weg 2: Mehr Sparen!

Mehr Sparen heißt nicht, weniger Mittel zur Verfügung zu stellen, sondern vorhandene Mittel und zusätzliche Akquisitionen effizienter zu nutzen.

Für Beratungen und Organisationstheoretiker sind Universitäten Feste der Redundanz, also voller organisationale Slacks. Der unternehmerische Reflex der puren Einsparung ist jedoch zu kurz gegriffen. Die Theorie der „Losen Kopplung" ist von Karl E. Weick 1976 nicht ohne Grund am Beispiel von Universitäten verdeutlicht worden. Eine effizientere Allokation hingegen wird von vielen Bildungsökonomen angemahnt.

Alle Einsparungsprogramme müssen den von Gesellschaft erfundenen Orten der Universitäten gerecht werden und die universitären Organisationsstrukturen berücksichtigen.

Zukünftig werden wir vor allem interorganisationale Sparprogramme durch Kooperationen erleben. So werden Fusionen von benachbarten Hochschulen wie Essen und Duisburg, oder FH und Uni Lüneburg oder den Berliner Uni-Kliniken durchgeführt, einige weitere diskutiert. Die Cluster-Bildung wird einer der nachhaltigsten Trends im deutschen Bildungssystem werden. So ist auch der Fakultätentausch zwischen Mannheim und Heidelberg zu verstehen.

Im Rahmen der Bachelor- und Master-Studiengänge wird es weiterhin vermehrt zu Modul-Sharing kommen, um so eine Skalierung bei hoher Qualität zu gewährleisten. Was wir brauchen: atmende Universitäten, die sich wandeln und den unterschiedlichen Nachfragen gerecht werden können.

Ein weiteres Einsparungspotential liegt bei den Studierenden: In Deutschland haben wir eine Studienanfängerquote von 36 Prozent am Gesamtjahrgang, aus denen dann 19 Prozent Hochschulabsolventen am Gesamtjahrgang werden. Für Studienabbrecher wird ein substantieller Betrag des Budgets von Fachhochschulen und Universitäten in Deutschland verbraucht.

Weg 3: Privatisierung

Privatisierung als ein weiterer Reflex der Bildungsfinanzierungslücke. So liest es sich seit einigen Monaten immer mehr. Grundsätzlich wäre zwischen der privaten Neugründung und der Privatisierung von staatlichen Hochschulen zu unterscheiden. Private Universitäten haben eine sehr kurze Tradition und stellen nur einen marginalen Anteil des Marktes dar. Die knapp 60 Hochschulen – im wesentlichen Fachhochschulen und Business Schools – haben insgesamt etwas über 60.000 eingeschriebene Studierende, was einem Marktanteil von drei Prozent entspricht, die privaten Universitäten vereinigen gerade einmal 2 Promille.

Die privaten Bildungsträger im tertiären Sektor fallen jedoch – auch aufgrund der konjunkturellen Abhängigkeit – immer wieder durch Pressemeldungen hinsichtlich der Unterfinanzierung auf. Einer der Repräsentanten der Interessenvertretung der Privaten Hochschulen sieht sogar für viele keine Nachhaltigkeit gegeben. Derzeit werden im Rahmen der föderal sehr unterschiedlichen staatlichen Anerkennungsverfahren Bürgschaften und Verlustübernahmeerklärungen immer stärker aufgenommen. Folgt man der die Privathochschulen durchaus kritisch beobachtenden Medienlandschaft, dann haben viele Business Schools – sei es in Berlin oder auch in Baden-Württemberg ernsthafte Finanzierungs- und Managementherausforderungen zu bewältigen.

Wie in unserem letztjährigen Beitrag im Rahmen des Weißbuches Bildung[2] angeführt, wird sich die Unterscheidung zwischen staatlichen und privaten Hochschulträgern auflösen. Die Grundlage dieser Unterscheidung ist die Betrachtung der Gesellschafterstruktur der Bildungsinstitutionen, also die Passivseite der Bilanz. Entscheidend für den Erfolg von Organisationen ist jedoch die Aktivseite der Bilanz, in der die Vermögensgegenstände abgebildet werden, im Fall der Schulen und Hochschulen also primär das intellektuelle Kapital.

Nicht nur, dass die Unterscheidung in staatlich und privat keinen Rückschluss auf die Qualität einer Bildungsinstitution zulässt, nahezu alle Privat-Hochschulen sind staatlich unterstützt (und sei es durch Bauförderung) und es gibt wohl kaum mehr eine Staatsuniversität, die nicht auch privat gesponsert wird. Somit scheint es sinnvoll, ja sogar notwendig, die Finanzierungsüberlegungen zu Hochschulen unabhängig von der Trägerschaft (staatlich – privat) anzustellen.

Mit der Hochschule 21 aus Buxtehude werden nun erste Erfahrungen der Privatisierung einer staatlichen Hochschule gesammelt, 13 Gesellschafter der Region haben eine Fachhochschule privatisiert. Ein Experiment, das es sich lohnt, genauer zu analysieren.

Ein kurzer Blick auf die Verteilung der Bildungsausgaben zeigt eine eindeutige Dominanz des staatlichen Sektors in Deutschland: Nur 8,2 Prozent der allgemeinen Ausbildungsfinanzierung werden in Deutschland aus privater Hand finanziert, das Gros von 91,8 Prozent leistet der Staat. Damit sind wir Schlusslicht im OECD-Vergleich.

Der Trend, der sich derzeit im Schulsektor abzeichnet, scheint ein guter Proxy für den tertiären Bereich zu sein: Wir brauchen eine Bildungsfinanzierung, die stärker von den Nutznießern dieses Gutes getragen werden. Das wusste bereits Karl Marx, der die rein staatliche, also durch Steuerzahler getragene Uni-

---

[2] Daniel Dettling/Christof Prechtl (Hrsg.), Weißbuch Bildung – Für ein dynamisches Deutschland, VS Verlag 2004, S. 66 ff.

versitätsausbildung als eine Ausbeutung der die Steuerzahlungen ebenfalls aufbringende Arbeiterklasse bezeichnete.

Fünf Thesen der ZU zur Zukunft der Bildungsfinanzierung in Deutschland

(1) Gesamtfinanzierung nur im Dreiklang mit Strategie und Organisation.

Die Gesamtfinanzierung der Hochschulen kann nur sinnvoll im Dreiklang mit Strategie und Organisation gedacht werden.

Eine Verbesserung der Finanzierungssituation kann nur dann gelingen, wenn Hochschulen eine nachhaltige Strategie im Wettbewerb entwickeln. Der demographische Faktor und die Kernkompetenzclusterung erzwingt es von außen. Wir brauchen aber eine universitätsinhärente Fokussierung. Wir brauchen eine effiziente Hochschulverwaltung und -organisation – nicht weniger, sondern studierendenbezogener. Die Ivy-League-Universitäten, die die Rankings anführen haben mehr Verwaltungsmitarbeiter relational zum Wissenschaftspersonal, was als ein Erfolgsfaktor diskutiert wird.

Es geht um bessere Lehrangebote, um bessere Betreuungsrelationen, um zeitgemäße Qualifikationen für die Bedarfe der kommenden Jahre. Auf Konferenzen mehren sich die Universitätsangehörigen mit der These, dass wir nicht etwa mehr Mittel brauchen, sondern es reichen würde, die vorhandenen Mittel effizienter auszugeben. Unsere These hingegen: Mehr Effizienz bei mehr Mitteln – im Dreiklang von Strategie, Organisation und höherer (Eigen-)Finanzierung.

(2) Studiengebühren: Normalität des Darlehens.

Wir sind es gewohnt für Autos oder Waschmaschine Darlehen aufzunehmen bzw. zu leasen – mit abnehmenden Wiederverkaufswerten wohlgemerkt. Das in der politischen Ökonomie als „meritorisches Gut" bezeichnete Gut Bildung wird hingegen ein kostbares Gut – mit steigenden Wiederanlagewerten. Studiengebühren werden normal werden, genauso wie deren Finanzierung von Studiengebühren durch Darlehen und Bildungsfonds. Ein funktionierendes Stipendiensystem für Hochbegabte und sozial Benachteiligte ist eine notwendige Bedingung für die Einführung der flächendeckenden Studiengebühren. Hier hat Deutschland mit einer Förderung von nicht einmal einem Drittel viel nachzuholen.

Noch wichtiger scheint die Frage der Haltung bei Geburt zu sein: Das Bildungssparen bei Kleinkindern wird zur Normalität werden – so spießig wie das eben bei Bausparkonten klingt, wird nun bei Bildungskonten cool werden. Wir werden eine Umstellung des Konsums beobachten können, die vor allem bei Gütern auftritt, die früher kostenlos konsumiert werden konnten und die einen Transformationseffekt bei den Konsumenten hervorrufen. Dazu gehören Bildung, Beratung Gesundheit und Pflege. Auf der anderen Seite werden viele klassische Konsumgüter zurückgehen. Die gute Bildung wie auch die Gesundheit werden eben doch wichtiger als ein Oberklasse-Fahrzeug.

Fragen ergeben sich bezüglich der Höhe der Studiengebühren: Eine Differenzierung ist nach den Kosten der unterschiedlichen Ausbildungsgänge denkbar – ebenso wie nach den zukünftigen Einkünften. Diese sind jedoch schwer prognostizierbar und es lässt sich immer weniger eine einfache Kausalität zwischen Studiengang und späterem Beruf ausmachen. Und eine Bepreisung nach den Kosten der Studiengänge kann ungewollte Fehlallokationen hervorrufen. In der bildungsökonomischen Forschung wird hier noch nicht abschließend diskutiert. Einig scheint man sich lediglich darüber zu sein, dass es zu einer nachfrageorientierten Finanzierung des Bildungssystems seitens der Studierende kommen muss und nicht etwa zu einer weiteren angebotsorientierten Auszahlung seitens des Staates.

Denkbar ist weiterhin eine nun mögliche spezielle Bepreisung von Bildungsexporten: Immerhin 230.000 ausländische Studierende (12%), Tendenz steigend, sind an deutschen Hochschulen immatrikuliert. In den USA ist dies bereits mit ca. 17 Milliarden Dollar die fünftgrößte Dienstleistungsbranche.

(3) Studierende: Respekt statt Kunden.

Eine der größeren Verwechslungen, die im Rahmen der Finanzierungsdiskussion eingetreten ist, bezieht sich auf die vermeintlich moderne Umstellung von Studierenden- auf Kundenorientierung: Studierende sind keine Kunden! Bildung ist keine Dienstleistung eines Dienstleisters! Das ist eine pseudo-unternehmerische Trivialisierung eines komplexen Vorgangs. Dies gilt übrigens auch nicht für private Universitäten, wo sie z.T. mehr als 10fache an Studiengebühren zahlen. Studierende sind – wenn sie überhaupt in diese Kategorie fassen müssen – Alvin Tofflersche Prosumenten, die ihren Konsum selbst produzieren und sich dabei transformieren. Ein Studium kann nicht mit der einfachen Formel „Ware gegen Geld" beschrieben werden. Studierende besitzen im Vergleich zu normalen Kunden eines Produktes oder einer Dienstleistung weit mehr Mitbestimmungsrechte innerhalb der Organisation der Hochschule. Sie sind anders als es Kunden von Unternehmen sind, innerhalb der Organisation für die Organisationsmitglieder täglich erlebbar und auch z.T. durch Gremienmitgliedschaften organisatorisch eingebunden. Studierende sind Existenzgründer im engeren Sinne des Wortes, aber keine zahlenden Kunden. Dass Existenzgründungen eben vor allem gefährlich sind, macht noch einmal die Betreuungsnotwendigkeit deutlich und damit die zwingend notwendige Senkung der Abbrecherquoten und Studienwechslerraten.

(4) Bildungssystem: Spitzen für Spitzenplätze.

Wir kennen weltweit eine Reihe von Bildungssystemen: Während wir in den USA einen hierarchischen Wettbewerbsmarkt mit dem durch Ranking etc validierbaren Signaling durch titelgebende Hochschule kennen, haben wir in Frankreich ein bürokratisches Bildungswesen mit Elitensegmenten, deren Validierung über die Absicherung durch Staatsnachfrage erfolgt. Deutschland hingegen hat ein egalitäres Bildungssystem – bisher ohne Elitesegment – und ohne Validierungsmöglichkeiten von Signalen, was zu einer erhöhten Anzahl von Promotionen führt, wie der Personalökonom Christian Opitz von der Zeppelin University ausführt.

Ein Spitzensegment ist im internationalen Wettbewerb zwingend notwendig. Das Problem der Einheitshochschule in Deutschland kann an Hand der Zahlen der Promotionen unter den deutschen Vorständen anschaulich gemacht werden: Knapp 60 Prozent der Vorstandsvorsitzenden der 100 größten deutschen Unternehmen sind promoviert (USA: 7,2 und Frankreich 3,4 Prozent). Somit scheint im deutschen Bildungssystem die Promotion die einzige Möglichkeit der Differenzierung zu sein, die dann als Signal überdurchschnittlicher Befähigung in den Markt kommuniziert. In fast allen anderen Ländern wird eine Differenzierung durch die Wahl der Hochschule und deren Selektion geleistet.

Deutschland hat ein egalitäres Bildungssystem, welches jungen Menschen aus allen sozialen Schichten einen Zugang zu einem Hochschulstudium ermöglichen sollte. Fakt ist die Reproduktion der sozialen Ungleichheit, weil – so das allseits bekannte Ergebnis der Pisa-Studie – in Deutschland ein extrem starker Zusammenhang zwischen dem Bildungsgrad der Eltern und der eigenen Bildungsbiographie besteht.

Nachdem nun die beiden Initiativen „Exzellenzinitiative" sowie „Pakt für Forschung und Innovation" fast ein Jahr auf Eis gelegen haben, sind sie im Juni 2005 verabschiedet worden. Dies scheint ein erster Schritt in die richtige Richtung – trotz Föderalismus – zu sein.

(5) Kultur der „kollektiven Investitionsgüter" durch Private.

Bildung ist gleichzeitig ein öffentliches wie auch ein privates Gut. Hochschulbildung kann als kollektives Investitionsgut gesehen werden. Die Wohlstandseffekte durch eine bessere Ausbildung der nationalen Bevölkerung werden durch kaum jemanden mehr bestritten. Diese kollektiven Investitionsgüter werden jedoch nicht mehr allein durch den Staat, sondern zunehmend durch Private kofinanziert werden – insbesondere wenn es neben nationalen Bildungsrenten auch entsprechend private gibt. Das Kollektivgutdilemma ist spieltheoretisch einfach, spielpraktisch allerdings hochkomplex: Kollektivgüter sind bei diesen Tragödien der Allmende in der Regel unterinvestiert. Beispielsweise nehmen Arbeitgeber die Tatsache des demographischen Wandels und der schlechten Bildung der Schüler und Studenten nicht zur Kenntnis, weil auch die Arbeitsmärkte global funktionieren. Ist das Niveau eines deutschen Absolventen nicht ausreichend, beschaffen sich Unternehmen ersatzweise Absolventen aus dem Ausland.

Das unzureichende private Engagement hat zahlreiche Gründe, von denen hier nur einige angerissen werden können:

1. Fundraising: Bisher gibt es keine wirkliche Fundraising-Kompetenz in Deutschland. Der Berufsstand hat keine Qualifizierung. Der Organisationsgrad beginnt erst jetzt in diesen Jahren. Bildungsfundraising ist dabei eines der komplexesten und abstraktesten Felder.

2. Steuerstaat: Die Bürger haben eine Verantwortlichkeitszuschreibung auf den Staat verinnerlicht. Die so genannte Corporate Social Responsibility ist rhetorisch gut plaziert, aber praktisch wenig ausgeprägt. Die Gemeinnützigkeit und weitere steuerliche Rahmenbedingungen sind dabei keineswegs einfache Wegbegleiter in ein Geben und Nehmen zwischen Hochschule und Förderer. Und selbst bei privatem Engagement tritt der Staat im Problemfall wieder als Gewährleistungsstaat auf, der bei Insolvenzen die letzte Verantwortung trägt.

3. Alumni: Wer durch die Zentrale Vergabestelle für Studienplätze einer Universität zugelost worden ist, in der Regel noch einmal wechselte, kann keine nachhaltige Identifikation mit einer Hochschule aufbauen. Eine Alumnikultur ist in Deutschland bisher nicht vorhanden. Die ersten Versuche wirken noch hilflos und zu durchsichtig auf Finanzierung ausgerichtet.

Fazit

Finanzierung, die auch strategisch und organisatorisch durchdacht ist, Studiengebühren und Modelle zur Finanzierung, eine höhere Studierendenorientierung,
die nicht einfach Kunden bedient, eine Differenzierung des Bildungssystems
sowie die Entwicklung einer Kultur der kollektiven Investitionsgüter: All das
muss realisiert werden, um in Deutschland die Bildungsfinanzierung wieder
nachhaltig und zukunftssicher gestalten zu können.

"Staatlich" und "exzellent' müssen einander nicht ausschließen. Ein Blick auf staatliche Top-Universitäten in den USA

Antje Kuchenbecker

Vorbild USA?

Keine Diskussion über die Reform deutscher Universitäten kommt mittlerweile ohne amerikanische Beispiele aus. Von den einen werden sie als leuchtende Vorbilder gepriesen. Anfang vergangenen Jahres überraschte Bundeskanzler Schröder mit seinem Vorschlag, auf schnellstem Wege eine Spitzenuniversität amerikanischer Prägung in Deutschland zu schaffen. Von den anderen werden sie als Hort sozialer Ungerechtigkeit und ungleicher Chancen geschmäht. Auffällig ist dabei die Fixierung auf die so genannten privaten Eliteuniversitäten wie Harvard, Yale oder Princeton. Diese Institutionen haben alles, wovon deutsche Universitäten nur träumen können. Harvard allein verfügt über einen Kapitalstock (endowment) von 22.6 Milliarden Dollar; Princeton operierte 2004 mit einem Jahresbudget von fast 900.000 Millionen Dollar. Großzügige Spender bedachten Yale im letzten Jahr mit Zuwendungen in Höhe von rund 264.8 Millionen Dollar.

Trotz Studiengebühren von jährlich rund 30.000 Dollar können sich diese Universitäten über mangelnde Bewerbungen nicht beklagen. Kein Hochschulgesetz regelt die akademischen Belange, kein Minister regiert von außen hinein. Private US-Universitäten sind selbständig und nur ihren Studenten, Professoren und eingeschränkt ihren Geldgebern Rechenschaft schuldig. Wie bei Not-for-profit Organisationen üblich trägt die Verantwortung der Board of Trustees (Aufsichtsrat), der die Finanzen überwacht und den Präsidenten ernennt, den obersten Manager und Strategen der Universität.

Diese Beispiele sind hoch eindrucksvoll und führen vor, was möglich ist in der Welt von Lehre und Forschung. Doch sie beruhen, wie Stanford Präsident emeritus Gerhard Casper in seiner Rede im Rahmen der "Berliner Lektionen"

111

unterstrich, auf den Traditionen einer Bürgergesellschaft, die vor allem Eigeninitiative und Philanthropie zu ihren Werten zählt.[1]

Private Universitäten bilden jedoch nur einen kleinen, wenn auch wichtigen Teil der amerikanischen Hochschullandschaft. Sie befeuern den Wettbewerb durch Spitzenleistungen. Nach dem populärsten amerikanischen Ranking von US-News & World Report sind die 20 besten amerikanischen Universitäten allesamt privat. Die breite Masse der Studenten wird jedoch an staatlichen Institutionen ausgebildet. Mehr als 75 Prozent der 15 Millionen Studenten, die in einer tertiären Bildungseinrichtung eingeschrieben sind, besuchen eine öffentliche Institution. Doch auch staatliche Hochschulen spielen in der ersten Liga mit. Unter den 50 besten Universitäten sind 14 öffentliche Hochschulen vertreten, darunter die University of California (UC) mit ihrem Berkeley, Los Angeles, San Diego, Davis, Irvine und Santa Barbara Campus, die University of Michigan-Ann Arbor und die University of Virginia.[2] In einem Ranking der Times Higher Education Supplement of London vom 5. November 2004 belegt Berkeley Platz 2 unter den 200 besten Universitäten der Welt. UC San Francisco, UC San Diego und UC Los Angeles waren unter den ersten 26.[3] Sie zeigen, dass zwischen "privat gleich klasse" und "öffentlich gleich Masse" nicht notwendig ein Kausalzusammenhang besteht.

Übertragbarkeit auf Deutschland

Vielfalt ist wünschenswert, denn sie belebt den Wettbewerb. Das haben die Neugründungen privater Hochschulen in Deutschland ebenfalls gezeigt. In Deutschland geht es nicht darum, das deutsche Hochschulwesen zu privatisieren, sondern Bedingungen für Wettbewerb und Exzellenz zu schaffen.

Deshalb lohnt sich für Reformer deutscher Universitäten ein intensiver Blick auf Universitäten wie etwa Berkeley oder Michigan Ann-Arbor. Als Vorbilder eignen sie sich viel besser als die privaten Ivy League Universitäten, da sie eine höhere Vergleichbarkeit besitzen hinsichtlich ihres öffentlichen Anspruchs, ihrer Studentenzahlen und Finanzierungsmöglichkeiten.

Amerikanische staatliche Universitäten, und darin unterscheiden sie sich kaum von ihren deutschen Pendants, haben den gesellschaftlichen Auftrag, eine qualitativ hochwertige weiterführende Bildung einer möglichst großen Zahl von

---

[1] Gerhard Casper, Die Befreiung der Universitäten. Nicht das Schielen auf die Wirtschaft bringt die Hochschulen voran, sondern der Wettbewerb um staatliche Forschungsmittel. Rede im Rahmen der "Berliner Lektionen", gekürzte Fassung in der ZEIT Nr. 5 vom 27.01.2005
[2] http://www.usnews.com/usnews/edu/college/rankings
[3] http://newshub.nus.edu.sg/headlines/0411/ranking_05nov04.htm

qualifizierten Bewerbern zugänglich zu machen. Sie sind, wie auch in Deutschland, Aufgabe der Einzelstaaten (Länder) und so unterschiedlich wie die Staaten sind auch ihre Universitäten, wenngleich sich die Art der Organisation ähnelt. Mit durchschnittlich 25.000 Studenten sind die meisten staatlichen Universitäten eher groß im Vergleich zu privaten Universitäten und Colleges, wo selten mehr als 6000 Studenten eingeschrieben sind.

Was tun die University of California oder Michigan-Ann Arbor, um in der ersten Liga des Landes mitzuspielen? Was sind die Bedingungen, damit staatliche Universitäten Spitzenleistungen erbringen? Die wesentlichen Elemente heißen Differenzierung, Autonomie und Geld.

Qualität und Differenzierung sind eng verwandt

Kalifornien hat die beste öffentliche Universität der Welt geschaffen und soll deshalb hier als Beispiel dienen. Ziel kalifornischer Bildungspolitik ist es, Spitzenausbildung chancengleich zugänglich zu machen. Angehöriger sozial schwacher Gruppen und ethnischer Minderheiten dürfen nicht benachteiligt werden. Um dies zu ermöglichen, hat sich Kalifornien für den effizienten Einsatz seiner Ressourcen entschieden und ein dreifach differenziertes Hochschulwesen mit unterschiedlichen Zielen und Funktionen eingeführt: Die University of California, die California State University und die California Community Colleges.[4]

Die University of California besteht aus 10 Campii mit rund 200.000 Studenten und legt den Schwerpunkt auf Graduiertenausbildung und Forschung, sie allein verfügt über ein Promotionsrecht und ist alleiniger Anbieter von teuren Studiengängen wie Jura, Allgemeinmedizin, Zahn- und Veterinärmedizin. Alle 10 Campii werden von einem Board of Regents (Aufsichtsrat) und einem Präsidenten geführt.

Das California State University System umfasst 23 Campii mit etwa 400.000 Studenten und konzentriert sich vor allem auf das Undergraduate und Master Studium, die Lehrerausbildung und berufliche Bildung und in geringem Maß auf Forschung. Promotionen sind nur in Verbindung mit der University of California oder anderen unabhängigen Institutionen möglich. Das California Community College System hat 109 Campii mit 2.5 Millionen Studenten und bietet ein zweijähriges Undergraduate Program sowie zahlreiche stark praxisbezogene, berufsbildende und weiterbildende Kurse an.

---

[4] Die Dreiteilung des weiterführenden Bildungswesens geht zurück auf Überlegungen aus den 1920er Jahren, die 1960 im "California Master Plan for Higher Education" wieder aufgegriffen und stetig aktualisiert werden. Der Master Plan dient nach wie vor als Grundlage kalifornischer Bildungspolitik. http://www.universityofcalifornia.edu/aboutuc/masterplan.html

Anders als bei dem gerne in Deutschland praktizierten Gießkannenprinzip, bei dem alle gleich wenig bekommen, werden hier klare Verteilungsprioritäten gesetzt. Der effiziente Einsatz der Ressourcen dient der Sicherung von Qualität. Differenzierung bedeutet auch, dass die Möglichkeit, in Forschung und Lehre (Studium) besondere Wege zu gehen, nur relativ wenigen vorbehalten ist. Es ist sogar das erklärte Ziel der Differenzierung, ungleiche Institutionen zu schaffen, die unterschiedliche Funktionen erfüllen und verschiedene Rollen in der Gesellschaft übernehmen. Nicht die Universitäten sollen gleich sein, sondern die Chancen, an den exzellenten studieren zu können.

Exzellenz braucht Autonomie

Für deutsche Universitäten ist Autonomie nach wie vor eines der wichtigsten Ziele, dem noch immer gesetzliche und politische Barrieren im Wege stehen. Um im internationalen Wettbewerb zu bestehen, sind Handlungsfreiheit, Flexibilität und Profilbildung gefragt – Eigenschaften die das Mischmodell aus staatlicher Lenkung, Professorenautonomie und Gruppenmitspracherechten nicht ausreichend zu gewähren vermag. Das Ausmaß an Autonomie, das der Bundesstaat Kalifornien seinen Hochschulen zugesteht und das typisch ist für öffentliche amerikanische Hochschulen, sticht dem deutschen Beobachter deshalb sofort ins Auge.

Trotz staatlicher Gelder untersteht die Hochschule nicht direkt dem Staat und ist keine "Behörde". Verantwortlich ist sie dem "Board of Regents" (an anderen Universitäten auch board of visitors oder governors genannt). Dieser Board versteht sich als Anwalt des öffentlichen Auftrags. Seine Mitglieder sind in der Regel Alumni, die vom Governeur ernannt, in einigen Staaten auch gewählt werden. Der Board of Regents ernennt – wie in Not-for-Profit-Organisationen üblich – den Präsidenten und überwacht alle akademischen, finanziellen und ökonomischen Fragen. Der Präsident ist – wie auch in privaten Institutionen – oberster Manger und Stratege und besitzt Budget- und Gestaltungshoheit. Er hat freie Hand bei der Ernennung seiner wichtigsten Mitarbeiter und entscheidet in Abstimmung mit dem akademischen Senat über curriculare und Berufungsangelegenheiten. Dieser Art der Schirmherrschaft ("lay trusteeship") liegt der Gedanke zugrunde, der Universität so einerseits professionelle Autonomie zu gewähren und sie gleichzeitig vor dem Druck des politischen Tagesgeschäfts zu schützen. Im Gegensatz zur Behördenuniversität zwingt Autonomie zu einer erheblichen Verschlankung der Bürokratie.

Exzellente Leistungen sind nicht möglich ohne hervorragende und leistungsbereite Studenten und Professoren. Bei der Auswahl der Studenten geht kaum einer der amerikanischen Einzelstaaten soweit wie Kalifornien, der im Rahmen seines Masterplan for Education die folgenden Prinzipien zur Auswahl der Studenten zugrundelegt. Die University of California darf sich ihre Erstsemester aus dem Top Achtel (12,5 Prozent) der besten High-School Abgänger aussuchen, die California State University aus dem besten Drittel (33 Prozent) und die California Community Colleges jeden, den sie für fähig halten.

Ein besonderes Immatrikulationssystem sorgt für eine hohe Durchlässigkeit, sodass für Studenten bei entsprechenden Leistungen ein Wechsel zwischen den verschiedenen Universitäten problemlos möglich ist. Community College Studenten, die das für einen Wechsel erforderliche Programm erfolgreich abschließen, werden automatisch an der California State University angenommen. Genauso verläuft der Wechsel von der California State University and die University of California.

Keine Universität kann Spitzenleistungen erbringen ohne hervorragende Professoren. Autonome staatliche Universitäten sind frei, curriculare Schwerpunkte zu setzen und die Höhe von Professorengehältern selbst zu bestimmen. Um im Wettbewerb um die besten Köpfe mit den finanzkräftigen Privatuniversitäten mitzuhalten, lockt beispielsweise Berkeley begehrte Professoren mit guter Ausstattung und der Zusage, kein Fundraising betreiben zu müssen.

Exzellenz gibt es nicht im Sonderangebot

Um den Zugang zu exzellenter Ausbildung unabhängig von Herkunft und finanzieller Kraft zu ermöglichen, braucht es Moderation bei den Studiengebühren sowie Ausbildungsförderung durch Stipendien und verbilligte Darlehen. Exzellenz benötigt Forschungsförderung und die entsprechende Ausstattung. Die härtesten Kämpfe zwischen Bundesstaaten und ihren Universitäten werden um Budgetkürzungen ausgefochten, die unweigerlich eine Erhöhung der Studiengebühren nach sich ziehen. Anders als in Deutschland darf in den USA nur die Bundesregierung Schulden machen, die einzelnen Bundesstaaten hingegen dürfen sich nicht verschulden.

Der Erfolg der University of California hängt unmittelbar damit zusammen, dass Kalifornien zu den Bundesstaaten mit den höchsten Bildungsausgaben und den größten Investitionen in Forschungsuniversitäten gehört. Doch auch hier gab es in den letzten Jahren harte Diskussionen um Studiengebühren und Budgeteinschnitte gab. Aktuell betragen die Studiengebühren pro Jahr für Einwohner Kaliforniens rund 5.750 $ (in-state) und 22.710 $ für Einwohner anderer Bundesstaaten (out-of-state).[5] Die Einnahmen durch Gebühren fließen direkt in den Haushalt der Universität.

Keine öffentliche amerikanische Universität kommt allein mit den vom Bundesstaat zugewiesenen staatlichen Geldern aus. Nicht selten kommt das Universitätsbudget zu über 50 Prozent aus anderen Quellen. Die University of Virginia beispielsweise erhielt im vergangenen Jahr aufgrund kontinuierlicher Kürzungen nur noch rund 8 Prozent ihres Gesamtbudgets vom Staat Virginia. Das entfachte eine Diskussion, ob überhaupt noch von einer staatlichen Universität die Rede sein kann.

Ihre Autonomie ermöglicht staatlichen Universitäten, weitere Finanzquellen zu erschließen. Das ist nicht nur erwünscht, sondern schiere Notwendigkeit. Eine wichtige Quelle bilden staatliche und bundesstaatliche (Forschungs)-Gelder, die im universitären Wettbewerb vergeben werden. Andere Quellen sind beispielsweise Spenden von Privatleuten, Unternehmen und Stiftungen oder Einnahmen aus Fortbildungen und universitätseigenen Erfindungen. Das operative Budget von Berkeley betrug 2003-2004 rund 1.3 Milliarden Dollar. Davon kamen vom Staat Kalifornien rund 30 Prozent. Vor 16 Jahren waren es noch gut 50 Prozent.

Staatliche amerikanische Universitäten beschäftigen – wie ihre privaten Pendants – ganze Heerscharen von Fundraisern. Allein in Berkeley sind 128 Personen damit beschäftigt, Gelder einzuwerben. Im vergangenen Jahr waren es rund 178 Millionen Dollar. Spenden helfen, Stipendien, Lehrstühle, Vortragsreihen, Bibliotheken, Labore, Forschungsprojekte, Leistungszulagen für prominente Professoren usw. zu finanzieren. Auch versuchen die meisten staatlichen Universitäten, einen eigenen Kapitalstock (endowment) zu bilden, dessen Zinsen wiederum langfristig zuverlässige Einnahmen versprechen. Berkeleys Endowment betrug 2004 rund 2 Milliarden Dollar und hat sich in den vergangenen 10 Jahren mehr als verdoppelt.[6] Deutsche Universitäten sind nicht nur seit Jahren chronisch unterfinanziert. Ihre mangelnde Autonomie beraubt sie auch einer breit angelegten, effektiven Einwerbung von Drittmitteln.

Schluss

"Die Landesregierung wie auch die Öffentlichkeit wissen offenbar nicht genau, was sie von der Universität wollen. Sie wollen breiten Zugang, niedrige Studiengebühren, Top-Qualität, und keine Steuererhöhungen, um dafür zu bezahlen. Wir

---

[5] Zum Vergleich: Die jährlichen Gebühren an der University of Michigan-Ann Arbor betragen 8.868 $ (in-state) und 26.845 $ (out-of-state). An der University of Virginia sind es 6.600 $ (in-state) und 22.700 $ (out-of-state).
[6] 1993-1994 betrug Berkeleys Kapitalstock 734.197 Millionen Dollar.

kommen nicht umhin, die Frage ehrlich zu beantworten, was wir mit unseren vorhandenen Mitteln erreichen können." So beklagte Katherine C. Lyall, Präsidentin der University of Wisconsin System, die Situation ihrer Hochschulen 2003.[7]

Wir müssen in Deutschland klar definieren, was für Universitäten wir wollen. Die Ziele Wettbewerb und Spitzenuniversitäten bedeuten einen fundamentalen Paradigmenwechsel in unserem bisherigen Wissenschaftssystem, das offiziell nur gleichwertige Institutionen kennt. Ein Vorstoß in diese Richtung ist die "Exzellenzinitiative", die Wissenschaftsminister von Bund und Ländern im Sommer vergangenen Jahres einleiteten, und die am 23. Juni dieses Jahres verabschiedet wurde. Das Beispiel Kalifornien zeigt, dass Chancengleichheit (nicht Gleichheit der Institutionen und Ergebnisse!) und Exzellenz miteinander vereinbare Werte sind. Die Schritte dazu heißen Differenzierung, Autonomie und Geld.

---

[7] Zitiert nach Jeffrey Selingo, The Disappearing State in Higher Education, in: Chronicle of Higher Education vom 28. Februar 2003. http://chronicle.com/prm/weekly/v49/i25/25a02201.htm

Hochschulen in Zeiten der Globalisierung. Finanzierungsmodelle für Deutschland

Christoph Anz

Das Klagelied über die Unterfinanzierung der deutschen Hochschulen ist inzwischen sprichwörtlich. Seit vielen Jahren werden in regelmäßigen Abständen zusätzliche Finanzmittel eingefordert; das gilt nicht nur für die Hochschulen und ihre Standesvertreter, sondern auch die Bildungspolitik tritt in der letzten Zeit immer häufiger mit einer solchen Forderung auf den Plan. Selbst bei einigen Wirtschaftsministern ist die Erkenntnis darüber gestiegen, dass Investitionen in die (Hochschul-)Bildung durchaus als Teil der Wirtschaftspolitik gesehen werden sollten.

Doch mehr als die Einsicht, mehr Geld für die Hochschulen aufbringen zu müssen, eint die unterschiedlichen Akteure kaum. Spätestens bei der Frage danach, wer die zusätzlichen Finanzmittel aufbringen soll, scheiden sich die Geister. So berechtigt der Ruf nach zusätzlichen Steuermitteln für die chronisch unterfinanzierten Hochschulen sein mag, so berechtigt darf auch die Gegenfrage formuliert werden, woher diese Gelder kommen sollen. Lässt sich dies noch recht einfach dadurch aus dem Weg räumen, dass auf das eklatante Missverhältnis zwischen der Alimentierung von Sozialkonsum und Bildungsinvestitionen hingewiesen wird – immerhin ein Verhältnis von 6 : 1 – so muss jedoch noch eine weitere Frage an die Hochschulen gerichtet werden: Warum sollte der Staat zusätzliche Mittel in ein System stecken, das in vielen Bereichen ineffizient und ineffektiv mit den vorhandenen Geldern umgeht? Spätestens an dieser Stelle wird eine Verständigung über die Art und Weise der Hochschulfinanzierung höchst schwierig – jedenfalls so lange Politik und Hochschulen darüber diskutieren.

Der Versuch, seriöse Berechnungen über den konkreten Finanzbedarf anzustellen, ist zuletzt in einer von der vbw – Vereinigung der Bayerischen Wirtschaft vorgelegten Studie unternommen worden. Auf der Grundlage des umfassenden Konzeptes „Bildung neu denken! Das Zukunftsprojekt" (2003) werden innerhalb des Finanzkonzeptes „Bildung neu denken! Das Finanzkonzept" (2004) die entsprechenden finanziellen Folgewirkungen dargestellt. Auf Grundlage der aktuellen Situation wird dabei ein Mehrbedarf allein für den Hochschulbereich von ca. 7Mrd. € errechnet. Bewusst wird darauf verzichtet, mögliche

Finanzierungsquellen, die bei weitem nicht ausschließlich in öffentlicher Hand liegen müssen, zu benennen. Mit ihren Berechnungen führen die Autoren jedoch sehr deutlich vor Augen, dass zumindest kurzfristig beträchtliche Zusatzinvestitionen notwendig sind, um bestimmte Ziele in der tertiären Bildung zu erreichen.

Doch wo stehen wir in Deutschland eigentlich mit unserer Hochschulfinanzierung im internationalen Vergleich? Gilt auch für die Hochschulen, dass Jammern auf hohem Niveau erfolgt – oder müssen wir angesichts internationaler Entwicklungen tatsächlich auch grundlegende Änderungen zulassen, um nicht vollends den Anschluss zu verlieren? Allein die Ziele der Lissabon-Strategie hätten doch zu einem Umsteuern auch bei der Finanzierungsfrage führen müssen. Welche Möglichkeiten hat also der Staat, auf die aktuellen und absehbaren Herausforderungen zu reagieren und mit welchen Instrumenten können wir auch künftig die Qualität unserer Hochschulen verbessern?

Hochschulfinanzierung im internationalen Vergleich

Alle internationalen Vergleichsstudien, die in den letzten Jahren das deutsche Bildungssystem untersucht haben, kommen zu dem gleichen Schluss: kontinuierlich wird uns ein schlechtes Zeugnis ausgestellt. Die OECD hat beispielsweise darauf hingewiesen, dass der private Anteil der Ausgaben in den deutschen Kindergärten doppelt so hoch ist wie im OECD-Mittel. Dagegen machen die privaten Aufwendungen an den Hochschulen weniger als die Hälfte des OECD-Durchschnitts aus. Das ist bildungspolitischer Blödsinn.

Zu ähnlichen Einschätzungen kam auch das jüngste Gutachten des Sachverständigenrats, der ebenfalls aus bildungsökonomischer Perspektive für eine deutliche Veränderung der Bildungsfinanzierung in Deutschland plädiert. Dabei steht die Einführung von Studienbeiträgen an erster Stelle des Maßnahmenkatalogs. Die Teilbereiche müssen anders gewichtet werden, sowohl in ihrer Bedeutung für die Wissensvermittlung als auch bei der Zusammensetzung der unterschiedlichen Finanzquellen. Wer für den Besuch des Kindergartens hohe Beiträge der Eltern einfordert – und damit die soziale Selektion bereits im Vorschulalter beginnt – und gleichzeitig Hochschulen ausschließlich aus öffentlichen Mitteln finanziert, handelt bildungspolitisch höchst gefährlich.

Genauso ist es Unsinn, Eliteuniversitäten und Hochschulwettbewerb fördern zu wollen und gleichzeitig an einem Verbot von Studienbeiträgen festzuhalten. Das ist so, als würde man Wettbewerb zwischen Unternehmen fördern wollen, aber die Betriebe zwingen, ihre Produkte an die Kunden zu verschenken.

Rechtliche Rahmenbedingungen

Dabei hätten die vergangenen Jahre produktiv genutzt werden können. Spätestens seit dem Urteil des Bundesverfassungsgerichts zur Juniorprofessur erwarteten zahlreiche Beobachter, dass auch das im Hochschulrahmengesetz festgeschriebene Verbot von Studiengebühren kippen würde. Doch das Ende Januar gefällte Urteil schien Befürworter wie Gegner völlig unvorbereitet getroffen zu haben. Die Gegner von Studienbeiträgen entfachten entweder eine wortreiche Rhetorik, um ihre Niederlage zu kaschieren, oder zogen sich in ein Schneckenhaus zurück und entwickelten keinerlei weitere politische Aktivitäten. Die Befürworter wiederum schienen völlig unvorbereitet auf ihren Sieg in Karlsruhe; kein Konzept lag vor für die Umsetzung der neu geschaffenen Möglichkeit – und bis heute stehen staatliche Regulierung und Einheitsgebühren im Vordergrund. Dabei brauchen wir zur zielführenden Nutzung dieses Instrumentes größtmögliche Handlungsspielräume und Entscheidungsbefugnisse auf Seiten der Hochschulen.

Studienbeiträge haben jedoch neben der finanziellen Effekte für die Hochschulen auch eine wichtige Lenkungsfunktion; die jungen Menschen entscheiden sich bewusster für ein Studium. Die angehenden Akademiker verlangen etwas für ihr Geld, sie fordern Qualität. Die Hochschulen wiederum sind dadurch in der Situation, sich regelmäßig den Leistungs- und Qualitätsstandards des Marktes stellen zu müssen. Damit tritt ein Mechanismus in Aktion, der an den Hochschulen zu einer kontinuierlichen Qualitätsverbesserung führt und andererseits den Studierenden eine solidere Entscheidungsbasis bei der Wahl ihrer Hochschule bietet.

In Ländern wie den USA und Großbritannien, in denen die private Studienfinanzierung zur Normalität gehört, ist das Problem der Langzeitstudenten unbekannt. Hierzulande befand sich dagegen im Wintersemester 2002/2003 fast ein Viertel aller Studierenden im 12. oder in einem höheren Semester. Ein teures Vergnügen, nicht zuletzt für die Betroffenen selbst, denn unnötige Jahre im Studium bedeuten einen nicht wieder gut zu machenden Verlust an Einkommen.

Das Modell der Arbeitgeber

Zudem profitieren vor allem die Studierenden selbst von den Studienbeiträgen, die für ein verbessertes Angebot in der Lehre eingesetzt werden. Dies setzt allerdings voraus, dass den öffentlichen Haushalten jeglicher Zugriff auf die Beitragseinnahmen verwehrt bleibt. Alle Befürworter von Studienbeiträgen nennen dies eine der zentralen Voraussetzungen für die Einführung von Studienbeitragsmodellen – selbstverständlich gilt das auch für die Bundesvereinigung der Deutschen Arbeitgeberverbände, die als eine der ganz wenigen hochschulpolitischen Akteure ein umfassendes Modell zur Studienfinanzierung vorgelegt hat. Neben dieser Hauptprämisse, die vor allem politischen Willen erfordert, hat die BDA zwei weitere Leitlinien für ihre konzeptionellen Überlegungen aufgestellt:

- Niemand sollte aus finanziellen Gründen von der Aufnahme eines Studiums abgehalten oder gar ausgeschlossen werden und
- die Modelle müssen unbürokratisch und transparent gestaltet werden.

Beide Voraussetzungen sind mit dem Modell, das die Arbeitgeber in Zusammenarbeit mit Experten und Praktikern aus Hochschulen und Finanzwelt entwickelt haben, durchgängig erfüllt.

Für die Studienbeiträge wird ein Splitting-Modell vorgeschlagen, das sich aus einem hochschuleinheitlichen Grundbeitrag und einer variablen Komponente zusammensetzt, die dann fachbereichsspezifisch ausgestaltet werden kann.

In der Einführungsphase von drei Jahren soll die Beitragshöhe gedeckelt werden. Vorgesehen ist ein maximaler Grundbeitrag in Höhe von 500 € pro Semester sowie maximal 25 € pro angemeldetem Leistungspunkt (credit point nach dem ECTS-Verfahren) im Bachelor-Studium und 50 € im Master-Studium. Die einzelne Hochschule soll über die tatsächliche Höhe der Beiträge im Rahmen dieser Grenzen entscheiden. Damit liegt die Entscheidungsbefugnis ausschließlich auf der Ebene der einzelnen Hochschule. Sie hat angesichts ihrer Situation im Wettbewerb die beste Kenntnis darüber, mit welcher Beitragshöhe sie sich in Abgrenzung zu den Mitbewerbern behaupten will und behaupten kann. Eine politische Vorgabe würde nicht nur die angestrebte Autonomie der Hochschulen unnötig einschränken, sondern stünde zudem in der dauernden Gefahr, nicht nach Wettbewerbs- und Qualitätsmaßstäben eine willkürliche Höhe anzusetzen. Bei einer derzeit von den Unionsgeführten Ländern angestrebten „Einheitsgebühr" entsteht darüber hinaus der Eindruck, die Politik wolle lediglich die kontinuierlich zurückgehende staatliche Finanzierung ausgleichen.

Sozialverträgliche Gestaltung

Der Ruf nach einer privaten Beteiligung an den Kosten für die eigene Hochschulausbildung muss selbstverständlich flankiert werden von entsprechenden Finanzierungsmodellen. Jeder junge Mensch, der dazu befähigt ist, soll die Möglichkeit zur Aufnahme eines Hochschulstudiums haben. Daher muss es ein grundsätzlich allen Studierenden zugängliches Modell geben, das die Sozialverträglichkeit absichert. Die Arbeitgeber haben dafür zwei Säulen entwickelt, die gemeinsam dazu beitragen, dass niemand aus finanziellen Gründen von einem Studium abgehalten wird:

- Jeder Studierende erhält vom Staat ein Ausbildungsbudget in Höhe von 15.000 €, das er nicht zurückzahlen muss. Die Inanspruchnahme muss nicht kontinuierlich erfolgen, ein etwaiger Restbetrag kann auch für spätere Weiterbildungsmaßnahmen eingesetzt werden. Dieses Ausbildungsbudget ersetzt die bislang für eine zielgenaue Bildungsfinanzierung wenig tauglichen Transferzahlungen an die Eltern von Studierenden wie Kindergeld und Ausbildungsfreibeträge. Es löst zugleich auch das BAföG ab.
- Zweitens steht jedem Studierenden ein maximales Darlehen von mehr als 35.000 € zur Verfügung, das zur Finanzierung des Lebensunterhalts und der Studienbeiträge in Anspruch genommen werden kann. Konzentriert ein Studierender die Mittel aus dem Ausbildungsbudget und aus dem Darlehen auf ein dreijähriges Bachelor-Studium, dann stehen ihm im Modell der Arbeitgeber maximal 834 € pro Monat allein für den Lebensunterhalt zur Verfügung. Das ist deutlich mehr als der heutige BAföG-Höchstsatz plus Kindergeld. Hinzu kommen die Mittel aus dem Ausbildungsbudget, die für die Bezahlung der eigentlichen Studienbeiträge an die Hochschule genutzt werden können.

Die Rückzahlung des Darlehens beginnt erst nach dem Studium und wenn ein bestimmtes Mindesteinkommen erreicht wird. Durch unterschiedliche Tilgungszeiten kann die individuelle Belastung gesteuert werden. Dadurch kann der Absolvent selbst entscheiden, welchen Teil seines Einkommens er für die Rückzahlung des Darlehens aufbringen will. Eine solche Regelung erfüllt eine weitere Komponente der Sozialverträglichkeit, die keine pauschale Koppelung an das Einkommen in Form von festgelegten Prozentsätzen – wie dies beispielsweise in den Sozialsystemen der Fall ist – erforderlich macht. Als Kreditgeber schlagen die Arbeitgeber die Kreditanstalt für Wiederaufbau vor, die einheitliche Kreditkonditionen ohne Risikoprüfung gewährleisten kann.

Einheitliche Konditionen sind auch deswegen so wichtig, weil sie die Mobilität der Studierenden innerhalb Deutschlands sicher stellen. Je kleinteiliger die Darlehensmodelle entwickelt werden – etwa auf Ebene eines jeden Bundeslandes – umso schwieriger ist es für die Studierenden möglich, ein erklärtes Ziel des Bologna-Prozesses auch praktisch umzusetzen: die Hochschule für Teile des Studiums zu wechseln. Darüber hinaus würde eine kleinteilige Struktur der Darlehensmodelle die Kosten für die Studierenden erheblich erhöhen. Erst bei einer

Etablierung einer einheitlichen Modells können die Kosten für die Studierenden so niedrig wie möglich gehalten werden, weil die Bearbeitungskosten dann sehr gering sind.

Das Finanzierungsmodell in den Bologna-Strukturen

Angesichts der Umstrukturierungen, die im Rahmen des Bologna-Prozesses bei der Hochschulausbildung derzeit vorgenommen werden, war es für die Arbeitgeber von Beginn an selbstverständlich, das eigene Modell von Studienbeiträgen und deren Finanzierung an den Strukturen des gestuften Studiensystems auszurichten. Deshalb setzt sich der variable Teil der Studienbeiträge aus der Anzahl der von jedem Studierenden eigenverantwortlich gewählten Leistungspunkte pro Semester zusammen. Damit legt die BDA ein Modell vor, das die Vorteile von Studienbeiträgen kombiniert mit einer neuen Form der staatlichen Studienfinanzierung sowie einem sozialverträglichen Darlehenssystem – vollkommen unabhängig von eigenen oder elterlichen Einkommens- und Vermögensverhältnissen.

Nach dem gleichen Grundansatz verfährt auch die KfW-Bankengruppe mit ihrem Darlehensmodell zur Finanzierung des studentischen Lebensunterhaltes. Ausdrücklich soll deren Form des Kredits nicht zur Finanzierung möglicher Studienbeiträge genutzt werden, sondern einen möglichst hohen Teil der Kosten abdecken, die durch das Studieren entstehen; gemeint sind damit nicht nur die eigentlichen Lebenshaltungskosten, sondern auch Kosten für Lehrmaterialien beispielsweise. Eben weil die KfW keine Risikoprüfung vornehmen wird, kann sie damit einheitliche Konditionen gewährleisten. Allerdings werfen ihr Kritiker vor, die bestehenden Risiken, insbesondere des Rückzahlungsausfalls, zu niedrig angesetzt zu haben. Darüber hinaus ist die KfW nicht verpflichtet Gewinn zu erwirtschaften und kann mögliche Verluste auf den Staat – und damit auf den Steuerzahler – abwälzen.

Dennoch wird mit einem solchen Angebot letztlich die von unterschiedlicher Seite immer wieder artikulierte Forderung nach einem „BAföG für Alle" erfüllt. Im Detail mag das Modell der KfW noch angepasst werden müssen – aber es gewährleistet ganz ähnlich wie das Modell der Arbeitgeber jedem Studierenden Zugang zu Finanzmitteln, die ein Studium materiell absichern. Darüber hinaus haben Sparkassen und Privatbanken angekündigt, mit eigenen Angeboten auf den Markt zu kommen. Dabei wird es sich neben den „klassischen" Darlehensangeboten auch um Kombinationen von Bildungssparen und Krediten handeln. Werden diese Ankündigungen tatsächlich umgesetzt, erhalten wir in Deutschland endlich auch das, was in anderen Ländern längst üblich ist: eine Vielfalt von Anbietern und Angeboten, aus denen die Studierenden wählen können und die auch Kombinationsmöglichkeiten eröffnen. Je nach Studienphase wird es auch für die Studierenden angenehm sein, aus besser auf sie zugeschnittenen Angeboten wählen zu können. – Dennoch bleibt die Erfordernis eines flächendeckenden, kostengünstigen und einfach handhabbaren Modells zur Grundversorgung der Studierenden.

Vielfältige Angebote zur Studienfinanzierung

Daneben gibt es bereits seit vielen Jahren erprobte Finanzierungsmöglichkeiten, die meist auf eine einzelne Hochschule zugeschnitten sind. Meist werden solche Modelle von den kleineren privaten Hochschulen angeboten, um für Studienbewerber attraktiv zu sein. Auch solche Modelle werden künftig zunehmen und gezielt kleine Bereiche des entstehenden Marktes abdecken. Doch die aktuellen Entwicklungen zeigen, dass aus solchen zunächst kleinteiligen Lösungen auch umfassendere Angebote entstehen können. Beispielhaft steht für eine solche Entwicklung die Firma Career Concept, die mit Bildungsfonds seit geraumer Zeit von sich Reden macht.

Zunächst gestartet, um für eine ausgewählte kleine Anzahl von besonders leistungsstarken Studierenden eine finanzielle Unterstützung bieten zu können, ist im Frühjahr 2005 der erste bundesweit zugängliche Bildungsfonds aufgelegt worden. Als Kooperations- und Vertriebspartner wurde vor allem die Sparkasse Leipzig gewonnen, die innerhalb des Ostdeutschen Sparkassen- und Giroverbandes die Federführung für diesen Fonds übernommen hat. Ausdrückliches Ziel der unterschiedlichen Fonds, die von Career Concept aufgelegt werden, ist die gezielte Förderung von Studierenden, die ein umfangreiches Auswahlverfahren durchlaufen müssen, um in den Genuss der Finanzmittel zu kommen. Damit wird die erforderliche Qualität der unterstützten Studierenden gewährleistet, die wiederum das Ausfallrisiko für die spätere Rückzahlung der Beträge minimiert. Diejenigen Personen und Einrichtungen, die in einen Bildungsfonds einzahlen, verbinden durch ihr Handeln soziales Engagement mit einer Gewinnerwartung, die sicherlich nicht überdurchschnittlich hoch ist und kaum das Hauptmotiv für das Einzahlen in den Fonds sein dürfte. Dennoch zeigen die bisherigen Bildungsfonds von Career Concept., dass sich mit dieser Idee auch Geld verdienen lässt.

Die aufgeführten Beispiele belegen, welch unterschiedliche Ansätze es bereits heute gibt, um auf die vielfältigen Bedürfnisse der einzelnen Zielgruppen bei der Studienfinanzierung eingehen zu können. Diese Vielfalt wird weiter zunehmen und sich entsprechend den Bedürfnissen am Markt ausfächern.

Hochschulfinanzierung insgesamt neu gestalten

Mit der Fokussierung auf Studienbeiträge und deren sozialverträglicher Finanzierung ist es aber allein nicht getan. Auch die staatliche Hochschulfinanzierung muss künftig anreizorientierter ausgestaltet werden. Der Staat als Geldgeber muss dazu übergehen, mehrere Kriterien für die Vergabe seiner Mittel an die Hochschulen zugrunde zu legen. Auch hier wird der Grundgedanke des Wettbewerbs und der Qualitätssicherung entscheidend dazu beitragen, die Hochschulen zu einer effizienteren und effektiveren Verwendung der ihr zugewiesenen Gelder zu drängen. Auch diesen Aspekt haben die Arbeitgeber in ihrem Modellvorschlag zur Reform der Hochschulfinanzierung aufgenommen.

Neben einer angebotsorientierten und an Leistungskriterien gekoppelten Basisfinanzierung sollen die Hochschulen künftig einen Teil der öffentlichen Mittel in Form einer nachfrageorientierten Mittelzuweisung erhalten. Konkret wird angeregt, analog zur Berechnung der variablen Studienbeiträge die Mittelzuweisungen an die Anzahl der von allen Studierenden einer Hochschule angemeldeten Leistungspunkte zu koppeln.

Beide Bereiche – die Studienbeiträge ebenso wie die Hochschulfinanzierung – sind von der BDA konsequent auf die neue Studienstruktur ausgerichtet. Dies ist entscheidend, wenn über die Frage der Studienbeiträge und Studienfinanzierung diskutiert wird. Politisch ist längst entschieden, dass durch die Umsetzung des Bologna-Prozesses in Deutschland die gestufte Studienstruktur flächendeckend einzuführen ist. Dem müssen sich auch die Vorschläge zu einer zukunftsweisenden Gestaltung von Studienfinanzierung anpassen. Dazu gehört es auch, tradierte Instrumente zu hinterfragen, über Bord zu werfen und sich auf neue Lösungen zu einigen.

Zu welchen Problemen es bei der Nutzung des BAföG in der Vergangenheit gekommen ist, belegen die zahlreichen Missbrauchsfälle, die in die Zehntausende gehen. Doch auch die neue Studienstruktur mit den Abschlüssen Bachelor und Master werfen erhebliche Probleme bei der weiteren Anwendung des Instruments BAföG auf. Insbesondere die in Master-Programmen eingeschriebenen Studierenden haben mit etlichen Hürden zu kämpfen. Auch vor diesem Hintergrund ist ein unbürokratisches und leicht handhabbares Modell wichtig, das völlig unabhängig von der Frage nach Erst- oder Zweitstudium, nach konsekutivem oder weiterbildendem Masterstudiengang funktioniert.

Beim Gesamtmodell der Arbeitgeber[1] geht es vor allem darum, die oftmals erbittert geführte und ideologisch gefärbte Auseinandersetzung um Studienbeiträge durch umfassende Lösungsvorschläge zu versachlichen. Dabei ist das Modell als eine Empfehlung an die Länder und Hochschulen zu verstehen, die bei allem Verständnis für Länderhoheit in Bildungsfragen ein Eigeninteresse daran haben müssen, bei der Finanzierung von Studienbeiträgen eine bundesweit einheitliche Lösung zu etablieren. Die Differenzierung ergibt sich für die Hochschulen, die je nach Qualität und Marktlage selbst entscheiden, wie hoch sie ihre Beiträge ansetzen.

---

[1] Die ausführliche Beschreibung unseres Modells kann auf der Homepage der Bundesvereinigung der Deutschen Arbeitgeberverbände (www.bda-online.de) herunter geladen oder als Broschüre bestellt werden bei: Bundesvereinigung der Deutschen Arbeitgeberverbände, Abteilung Bildungspolitik, Gesellschaftspolitik und Grundsatzfragen, Breite Str. 29, 10178 Berlin (E-Mail: abt_05@bda-online.de)

Autorenverzeichnis

Dr. Christoph Anz verantwortet als stellvertretender Abteilungsleiter Bildungspolitik, Gesellschaftspolitik und Grundsatzfragen u. a. die hochschulpolitischen Aktivitäten der Bundesvereinigung der Deutschen Arbeitgeberverbände. Nach dem Studium der Mittleren und Neueren Geschichte, der Politikwissenschaft und der Skandinavistik in Kiel und Frankfurt/Main arbeitete Dr. Anz am Max-Planck-Institut für Geschichte in Göttingen. Von dort wechselte er nach Stockholm, um die neu gegründete, staatliche Hochschule „Södertörns Högskola" mit aufzubauen. Über diesen Weg kam Dr. Anz in die Bildungspolitik, für die er sich seit Herbst 2000 bei der BDA engagiert.

Andreas Ammermüller studierte International Economic Studies an der Universität Maastricht mit einem Studienaufenthalt an der Universität Nizza mit dem Schwerpunkt "Labour Economics". Neben dem Master of Economics erlangte er den Abschluss des "International Management & Economics Programme" (IMEP) der Universitäten Maastricht, Liège und Aachen im Jahr 2002. Seit Dezember 2002 arbeitet er im Forschungsbereich "Arbeitsmärkte, Personalmanagement und Soziale Sicherung" des Zentrum für Europäische Wirtschaftsforschung (ZEW) in Mannheim. Seine Forschungsschwerpunkte liegen in Fragen der Bildungs- und Arbeitsmarktökonomie.

Dr. Markus Baumanns, geb. 1965, ist seit September 2001 Geschäftsführer/Kanzler der Bucerius Law School und Geschäftsführer der Bucerius Law School gGmbH in Hamburg. Das Studium der Geschichtswissenschaften, Politologie und Literaturwissenschaften schloss er mit dem Magisterexamen (1990) und dem Dr. phil. nach Studien- und Forschungsaufenthalten in Oxford, Paris, Wien und Berlin schließlich an der Universität Köln (1994) ab und übernahm 1990 eine Referententätigkeit im Presse- und Informationsamt der Bundesregierung. Dort arbeitete er bis 1994 in verschiedenen Bereichen der Presse- und Öffentlichkeitsarbeit der Bundesregierung mit. Anschließend trat er in den Dienst des Auswärtigen Amts und war von 1995 bis 1999 als Presse-, Politik- und Kulturattaché an der deutschen Botschaft in Bogotá/Kolumbien. 1999 wurde er stellvertretender Referatsleiter im Presse- und Informationsamt der Bundesregierung in Berlin, befasst mit den außenpolitischen Fragestellungen beim Aufbau der Internetpräsenz der Bundesregierung. Von Februar 2000 bis August 2001 war er in der ZEIT-Stiftung Ebelin und Gerd Bucerius, Hamburg, als Programmleiter für Internationale Programme und die Presse- und Öffentlichkeitsarbeit der Stiftung verantwortlich. Ab 2006 wechselt er in den Vorstand der ZEIT-Stiftung Ebelin und Gerd Bucerius und in den Aufsichtsrat der Bucerius Law School. Markus Baumanns ist Mitglied des Innovationsrats der nächsten Generation von berlinpolis e.V. Er ist verheiratet und hat 3 Kinder.

Florian Bernstorff, geb. 1971, Diplompädagoge, ist Erziehungswissenschaftler und persönlicher Referent der Bundestagsabgeordneten Grietje Bettin.

Grietje Bettin, geb. 1975, Diplompädagogin, ist Bundestagsabgeordnete und bildungs- und medienpolitische Sprecherin der Fraktion von Bündnis 90/Die Grünen

Elke Birkheuser, geb. 1969, Psychologin / im Management des Familienservice.(Mit-) Autorin bei verschiedenen Studien zur Berufsrückkehr, im Familienservice zuständig für Forschung und Beratung sowie IT, ein 2004 geborener Sohn, lebt derzeit in der Schweiz und in Berlin
www.familienservice.de

Dr. Daniel Dettling, Vorsitzender des Vorstands des Think Tanks berlinpolis. Der Jurist und Politikwissenschaftler ist Gründer und Vorsitzender von berlinpolis. Nach seinem Zivildienst in Israel studierte er Rechts- und Politikwissenschaften sowie Politische Ökonomie an den Universitäten Freiburg und Fribourg (CH). Er ist Herausgeber der edition Berliner Republik, Mitgründer der Deutschen Gesellschaft für Politikberatung (degepol) und Vorstandsmitglied des Club von Berlin. Zahlreiche Veröffentlichungen zu Fragen der Netzdemokratie, Sozial- und Wirtschaftspolitik und politischen Kommunikation. 2004 hat er den „Innovationsrat der nächsten Generation" gegründet. Letzte Veröffentlichungen: „Marke D – Das Projekt der nächsten Generation" (Leske+Budrich 2003), „Weißbuch Bildung. Für ein dynamisches Deutschland" (Verlag für Sozialwissenschaften 2004). Eine Tochter.

Dr. rer. oec. Dieter Dohmen, Volkswirt sozialwissenschaftlicher Richtung und Leiter des Kölner Forschungsinstituts für Bildungs- und Sozialökonomie (FiBS), ist seit Mitte der 1980er Jahre als Wissenschaftler und Berater aktiv. Seine Schwerpunkte liegen im Bereich der Bildungsfinanzierung und -planung in allen Bildungsbereichen von der Kita bis zur wissenschaftlichen Weiterbildung, insbesondere im Hochschul- und Weiterbildungsbereich, in Effizienzanalysen, Kosten-Nutzen- und Kosten-Wirksamkeits-Analysen, Bildungsmarketing und Bildungs-Benchmarking etc. 1993 gründete er das FiBS mit der Intention, ein unabhängiges Forschungsinstitut zu schaffen, das sich durch theoretisch fundierte, interdisziplinär orientierte und praxisrelevante Arbeiten auszeichnet, das sowohl internationale Erfahrungen berücksichtigt als auch die zukunftsorientierte Arbeit an der Schnittstelle zur Politik für wichtig erachtet. Chancen- und Verteilungsgerechtigkeit sowie die angemessene und rationelle Verwendung von Ressourcen gehören nach wie vor zum Selbstverständnis jeder Tätigkeit im Institut."

Gisela Anna Erler, geb. 1946, Familienforscherin / Autorin / Unternehmerin Gründerin und Geschäftsführerin der pme Familienservice GmbH. 15 Filialen, 150 Mitarbeiter. Der Familienservice unterstützt MitarbeiterInnen von Firmen und Behörden bei der besseren Vereinbarkeit von Familie und Beruf, insbesondere bei der Kinderbetreuung und der Versorgung von pflegebedürftigen Angehörigen. Er rekrutiert und qualifiziert Betreuerinnen, z.B. Tagesmütter und Kinderfrauen, betreibt Kitas und Notbetreuungseinrichtungen für Betriebe und die öffentliche Hand und berät allgemein zu Work-Life Konzepten. Programmdirektorin der jährlich stattfindenden internationalen „Work-Life und Diversity" Konferenz von The Conference Board Europe für Personalmanager großer Firmen. Von 1974 bis 1991 Mitarbeiterin am Deutschen Jugendinstitut – dort u.a. Durchführung des Modellprojekts „Tagesmütter", Beteiligung am Modellprojekt „Mütterzentren"; international vergleichende Studien zum Thema Familie und Arbeitswelt. Autorin vieler Texte – am bekanntesten das „Müttermanifest" von 1987. Zwei erwachsene Söhne, drei Stiefsöhne, verheiratet, lebt in Berlin. www.familienservice.de

Dipl. Oec. Tim Göbel, geb. 1978, studierte Wirtschaftswissenschaften an der Universität Witten/Herdecke, an der EBS London sowie der Hong Kong University of Science & Technology. Praktische Erfahrung sammelte er vor allem in Unternehmen der Konsumgüterindustrie, in denen er sich mit Fragestellungen der Vereinbarkeit von Standardisierung und Differenzierung beschäftigte.
Seit 2003 ist er als Referent des Präsidenten verantwortlich für den Bereich Hochschulentwicklung der Zeppelin University in Friedrichshafen/Bodensee und befasst sich als wissenschaftlicher Mitarbeiter am Lehrstuhl für Strategische Organisation und Finanzierung (SOFI) vor allem mit bildungspolitischen und bildungsökonomischen Fragestellungen sowie Strategieentwicklung und Organisationstheorie.

Prof. Dr. rer. pol. Stephan A. Jansen, Gründungspräsident und Geschäftsführer der Zeppelin University gGmbH und Inhaber des Lehrstuhls für Strategische Organisation und Finanzierung (SOFI). Nach der Lehre zum Bankkaufmann von 1993 bis 1997 Studium der Wirtschaftswissenschaft an der Universität Witten/Herdecke und der Tokio Keizai University als Stipendiat der Studienstiftung und des DAAD. 1998 bis 2003 Gründer und General Manager des „Institute for Mergers & Acquisitions (IMA)" an der Universität Witten/Herdecke. Forschungsaufenthalte: Das Jahr 1999 als Visiting Fellow an der Stanford University und 2000 bis 2001 als Visiting Professor an der Harvard Business School. 2000 bis 2003 Geschäftsführender Gründungsgesellschafter der cosinex GmbH, eines der marktführenden Software- und Beratungshäuser für Electronic Government. Zahlreiche Auszeichnungen und Stipendien für Forschungsleistungen. Zahlreiche Monografien u.a. Mergers & Acquisitions (Gabler, 4. Auflage), Electronic Government (Klett-Cotta), Management von Unternehmenszusammenschlüssen (Klett-Cotta), Public Merger (Gabler), Internationales Fusionsmanagement (Schäffer-Poeschel), Oszillodox (Klett-Cotta, Wirtschaftsbuch des Jahres 2001).

Dr. phil. Antje Kuchenbecker studierte Geschichte und Slawistik in Hamburg und promovierte 1998 am Zentrum für Antisemitismusforschung an der TU Berlin. Sie war als Wissenschaftlerin und Lehrbeauftragte an der Universität Hamburg tätig, bevor sie 2002 in die USA ging. Dort arbeitete sie im Career Center von American University, im Alumni Relations und Fundraising Department der George Washington Law School und im Fundraising der Brookings Institution in Washington DC. Seit Januar 2005 repräsentiert sie die erste deutsche private Hochschule für Rechtswissenschaften, die Bucerius Law School, in den USA.

Dr. Christof Prechtl, Jahrgang 1969; Studium der Wirtschaftspädagogik, Soziologie und Politikwissenschaft an der Wirtschafts- und Sozialwissenschaftlichen Fakultät der Universität Erlangen-Nürnberg; 1994 Diplom Handelslehrer (Univ.); 1996 Promotion zum Dr. rer. pol.; von 1996 bis 2004 Lehrbeauftragter der Universität Erlangen-Nürnberg; nach dem Referendariat von 1998 bis 2000 Lehrer an der staatlichen Berufs- und Wirtschaftsschule in Weiden i. d. Opf.; 2000 bis 2002 Referent in der Abteilung Bildungspolitik bei der vbw – Vereinigung der Bayerischen Wirtschaft und dem VBM – Verband der Bayerischen Metall- und Elektro-Industrie in München; 2002 Abteilungsleiter und 2004 Berufung zum Geschäftsführer der Verbände (vbw, VBM und BayME).

Katherina Reiche, geb. 1973 in Luckenwalde, MdB,
1992 Abitur, 1992 – 1996 Studium Diplom-Chemie in Potsdam, USA, Finnland, 1997 Diplom; Promotionsstudium in Potsdam, Wissenschaftliche Mitarbeiterin seit 1998 Abgeordnete des Deutschen Bundestages

Dr. Klaus Schweinsberg, geb. 1971, ist Chefredakteur der Wirtschaftszeitschrift „impulse". Die Zeitschrift ist das führende Wirtschaftsmagazin für Unternehmer in Deutschland und gehört zum Verlaghaus Gruner+Jahr (Stern, Geo, Capital). Bis 2001 arbeitete Schweinsberg für die „Financial Times Deutschland". Dort gehörte er zum Gründungsteam und verantwortete als Ressortleiter den Aufbau des Internet-Angebots. Davor war der promovierte Volkswirt Assistent des heutigen Vorstandsvorsitzenden der Gruner+Jahr AG, Dr. Bernd Kundrun. Schweinsberg hat an den Universitäten Fribourg (Schweiz), Siena (Italien) und St. Andrews (Schottland) Volkswirtschaft studiert. Während seiner Promotion arbeitete er am Lehrstuhl für Finanzwissenschaft der Universität Fribourg. Seine Ausbildung zum Journalisten erfolgte am Seminar für Journalismus der Universität Fribourg.
Klaus Schweinsberg ist verheiratet und hat drei Kinder.

Prof. Dr. Stefan Sell. Nach einer Ausbildung zum Krankenpfleger, Abitur und Zivildienst Studium der Sozialwissenschaft an der Ruhr-Universität Bochum mit dem Schwerpunkt Wirtschaft und Verbände. Danach Tätigkeit beim Landesarbeitsamt Nordrhein-Westfalen. 1993 Referent für Arbeitsmarktpolitik im Bundeskanzleramt in Bonn. Im Anschluss Leiter des Arbeitsamtes in Tübingen und anschließend bis 1996 Referent für Grundsatzfragen der Arbeitsmarktpolitik im Landesarbeitsamt Baden-Württemberg in Stuttgart. Neben der Berufstätigkeit Promotion an der Ruhr-Universität Bochum im Bereich Sozialpolitik und Sozialökonomie. Von 1996 bis 1999 Professor für Wirtschaftswissenschaften und Arbeitsmarktpolitik an der FH des Bundes für öffentliche Verwaltung in Mannheim. Seit 1999 Professor für Volkswirtschaftslehre, Sozialpolitik und Sozialwissenschaften an der FH Koblenz, Standort Remagen und dort Aufbau des betriebswirtschaftlichen Studiengangs „Gesundheits- und Sozialwirtschaft".
Seit 2004 Aufbau, Einführung und Leitung eines neuen berufsbegleitenden Fernstudiengangs für das Leitungspersonal von Kindertageseinrichtungen (www.kita-studiengang.de) und Direktor des „Instituts für Bildungs- und Sozialmanagement der FH Koblenz" (ibus).
Zahlreiche Veröffentlichungen zur Sozialpolitik, insbesondere Arbeitsmarkt- und Gesundheitspolitik sowie zur Bildungspolitik (www.rheinahrcampus.de/sell). Besonderer Arbeits- und Forschungsschwerpunkt sind Finanzierungsfragen des Bildungswesens.

Dr. habil. C. Katharina Spieß, Studium der Volkwirtschaftslehre (Diplom) und Politische Wissenschaften (Magister) an der Universität Mannheim. 1993 – 1997 wissenschaftliche Mitarbeiterin am Lehrstuhl für Sozialpolitik an der Ruhr-Universität Bochum. 1996 Abschluss der Promotion zum Thema „Staatliche Eingriffe in Märkte für Kinderbetreuung". 2005 Habilitation am Fachbereich „Wirtschaft und Management" der Technischen Universität Berlin. 1997 – 2000 Projektleiterin bei der Prognos AG, Basel und Berlin. Seit März 2000 wissenschaftliche Mitarbeiterin am Deutschen Institut für Wirtschaftsforschung, Berlin und Lehrbeauftragte der Technischen Universität Berlin. Zahlreiche Forschungsaufenthalte im In- und Ausland, so z.b. am Max-Planck-Institut für Bildungsforschung in Berlin, am Niederländischen Interdisziplinären Institut (NIDI), Den Haag, an der Freien Universität Amsterdam, Amsterdam und am Center for Policy Research, Syracuse University, Syracuse (New York State, USA). Die Forschungs- und Beratungsschwerpunkte von C. Katharina Spieß liegen im Bereich der Sozialpolitik, insbesondere der Familien- und Bildungsökonomie. C. Katharina Spieß ist u.a. Mitglied der Sachverständigenkommission für den 7. Familienbericht. Sie verfasste zahlreiche Beiträge zu familienpolitischen und bildungsökonomischen Themen in einschlägigen wissenschaftlichen und politikberatenden Zeitschriften und Sammelbänden.

Über dieses Buch

Im Frühjahr 2004 hat berlinpolis zusammen mit der vbw – Vereinigung der Bayerischen Wirtschaft e. V. und unterstützt vom VBM – Verband der Bayerischen Metall- und Elektro-Industrie e. V. das Projekt „Für ein attraktives und dynamisches Deutschland 2020" gestartet. Die überparteiliche und gemeinnützige Initiative richtet sich an Politik, Verbände und Unternehmen. In Gesprächen mit Spitzenpolitikern und Verbandsvertretern werden Reformen diskutiert und Vorschläge für das Bildungssystem von morgen gemacht. Dieses Buch ist das zweite in der Reihe. Deutschland braucht heute und in Zukunft eine breite Lobby für Bildung. Voraussetzungen für eine wirkliche und nachhaltige Bildungsrevolution sind mehr Wettbewerb, Autonomie der Bildungsinstitutionen und die Beteiligung nichtstaatlicher Akteure.

Kontakt
Daniel Dettling
Vorsitzender berlinpolis e.V.
Jägerstraße 67-69
10117 Berlin

Tel. 030-44047 805
Fax 030-44047 806

www.berlinpolis.de

Neu im Programm
Politikwissenschaft

Josef Berghold
Feindbilder und Verständigung
Grundfragen der politischen Psychologie
2. Aufl. 2005. 334 S. Br. EUR 29,90
ISBN 3-531-14648-3

Thymian Bussemer
Propaganda
Konzepte und Theorien
2005. 443 S. Br. EUR 36,90
ISBN 3-8100-4201-3

Roland Friedrich
Die deutsche Außenpolitik
im Kosovo-Konflikt
2005 156 S. Berliner Schriften zur
Internationalen Politik. Br. EUR 22,90
ISBN 3-531-14317-4

Cilja Harders / Heike Kahlert /
Delia Schindler (Hrsg.)
Forschungsfeld Politik
Geschlechtskategoriale Einfuhrung
in die Sozialwissenschaften
2005. 320 S mit 1 Abb. und 1 Tab Politik
und Geschlecht Br. EUR 39,90
ISBN 3-8100-4074-6

Gisela Muller-Brandeck-Bocquet
Frankreichs Europapolitik
2005 295 S. mit 1 Abb und 14 Tab
Frankreich - Studien. Br. EUR 29,90
ISBN 3-8100-4094-0

Erhaltlich im Buchhandel oder beim Verlag.
Anderungen vorbehalten Stand Juli 2005

Peter Schmitt-Egner
Handbuch zur Europäischen
Regionalismusforschung
Theoretisch-methodische Grundlagen,
empirische Erscheinungsformen und
strategische Optionen des Transnationa-
len Regionalismus im 21. Jahrhundert
2005. 328 S. Regionalisierung in Europa
Br. EUR 59,90
ISBN 3-8100-3911-X

Wolfgang Slesina (Hrsg.)
Reformierung des
Gesundheitssystems – oder:
In welchem Gesundheits-
system wollen wir leben?
Eine Disputation
2005. 118 S. Br. EUR 17,90
ISBN 3-531-14542-8

Karel Vodicka
Das politische System
Tschechiens
2005. 292 S. Br. EUR 29,90
ISBN 3-8100-4083-5

Wichard Woyke
Stichwort: Wahlen
Ein Ratgeber fur Wahler, Wahlhelfer
und Kandidaten
11., akt. Aufl. 2005 274 S Br EUR 14,90
ISBN 3-8100-3228-X

www.vs-verlag.de

VS VERLAG FÜR SOZIALWISSENSCHAFTEN

Abraham-Lincoln-Straße 46
65189 Wiesbaden
Tel 0611 7878-722
Fax 0611 7878-400

Neu im Programm
Politikwissenschaft

Jürgen W. Falter / Harald Schoen (Hrsg.)

Handbuch Wahlforschung

2005. XXVI, 826 S. Geb. EUR 49,90
ISBN 3-531-13220-2

Die Bedeutung von Wahlen in einer Demokratie liegt auf der Hand. Deshalb ist die Wahlforschung einer der wichtigsten Forschungszweige in der Politikwissenschaft. In diesem Handbuch wird eine umfassende Darstellung der Wahlforschung, ihrer Grundlagen, Methoden, Fragestellungen und Gegenstande geboten.

Peter Becker / Olaf Leiße

Die Zukunft Europas

Der Konvent zur Zukunft der Europäischen Union
2005. 301 S. Br. EUR 26,90
ISBN 3-531-14100-7

Dieses Buch gibt auf knappem Raum einen Uberblick zur Arbeit des „Konvents zur Zukunft der Europaischen Union", zu Anlass und Organisation des Konvents, zu seinen wichtigsten Themen und Ergebnissen Ebenso werden die wichtigen Konferenzen und Entscheidungen nach Abschluss des Konvents in die Darstellung einbezogen

Bernhard Schreyer /
Manfred Schwarzmeier

Grundkurs Politikwissenschaft:
Studium der Politischen Systeme

Eine studienorientierte Einfuhrung
2. Aufl 2005. 243 S. Br. EUR 17,90
ISBN 3-531-33481-6

Konzipiert als studienorientierte Einfuhrung, richtet sich der „Grundkurs Politikwissenschaft Studium der politischen Systeme" in erster Linie an die Zielgruppe der Studienanfanger. Auf der Grundlage eines politikwissenschaftlichen Systemmodells werden alle wichtigen Bereiche eines politischen Systems dargestellt.

Dabei orientiert sich die Gliederung der einzelnen Punkte an folgenden didaktisch aufbereiteten Kriterien: Definition der zentralen Begriffe, Funktionen der Strukturprinzipen und der Akteure, Variablen zu deren Typologisierung, Ausgewahlte Problemfelder, Entwicklungstendenzen, Stellung im politischen System, Kontrollfragen, Informationshinweise zur Einfuhrung (kurz kommentierte Einfuhrungsliteratur, Fachzeitschriften, Internet-Adressen)

Im Anhang werden die wichtigsten Begriffe in einem Glossar zusammengestellt Ein Sach- und Personenregister sowie ein ausführliches allgemeines Literaturverzeichnis runden das Werk ab

Erhaltlich im Buchhandel oder beim Verlag
Anderungen vorbehalten. Stand Juli 2005

www.vs-verlag.de

VS VERLAG FÜR SOZIALWISSENSCHAFTEN

Abraham-Lincoln-Straße 46
65189 Wiesbaden
Tel 0611 7878-722
Fax 0611 7878-400

MIX
Papier aus verantwortungsvollen Quellen
Paper from responsible sources
FSC® C105338

If you have any concerns about our products,
you can contact us on
ProductSafety@springernature.com

In case Publisher is established outside the EU,
the EU authorized representative is:
Springer Nature Customer Service Center GmbH
Europaplatz 3, 69115 Heidelberg, Germany

Printed by Libri Plureos GmbH
in Hamburg, Germany